Vorwort

Glaube nicht,
weil ich es sage
oder weil es von einer Autorität kommt
oder aus einem Buch stammt,
prüfe es!
Wenn es bedeutungsvoll für dein Leben ist
und deinem Leben einen Sinn gibt,
dann wende es an, so gut du kannst.
Buddha

Ich weiß nicht, in welcher Situation Sie sich befinden, während Sie diesen Ratgeber aufschlagen. Vielleicht haben Sie ein diffuses Gefühl, dass bei Ihnen zu Hause einiges in Unordnung geraten ist, und hegen den Verdacht, dass dies mit dem Trinkverhalten Ihres Angehörigen zusammenhängt? Oder ist die Diagnose »Alkoholabhängigkeit« bei Ihrem Partner, Ihrem Freund, Ihrem Sohn, Ihrem Vater, Ihrer Mutter bereits von anderen gestellt worden?

Sind Sie auf der Suche nach Hilfe für Ihren Angehörigen oder suchen Sie Hilfe für sich selbst? Hat Ihr Angehöriger vielleicht schon vieles versucht – Entgiftung, kurzfristige Abstinenz, Therapie, Selbsthilfe – und nichts hat sich geändert? Sind Sie am Ende und wissen einfach nicht mehr weiter?

Vielleicht wollen Sie aber auch erst mal nur herausfinden, ob Ihre Sorgen berechtigt sind oder ob Sie übertrieben ängstlich auf ein paar Gläser zuviel reagieren. Vielleicht sind Sie verunsichert, weil Sie immer wieder über den Begriff »Co-Abhängigkeit« stolpern und Sie sich dabei diffus schuldig fühlen. Kann es denn sein, dass Sie eine Mitschuld trifft für das Trinken Ihres Angehörigen? Haben Sie auch schon solche versteckten oder offen ausgesprochenen Vorwürfe von anderen gehört, vielleicht sogar von professionellen Helfern?

An welchem Punkt der alkoholischen Problemskala Sie sich auch bewegen, etwas zu tun – und sei es ein Buch dazu zu lesen –, ist allemal besser als weiter die Augen zu verschließen, in der Hoffnung, das Alkoholproblem Ihres Angehörigen werde sich eines Tages schon von ganz alleine lösen.

Das wird es nicht und das wird es auch nicht durch die Lektüre dieses Buches. Vor allem enthält dieses Buch kein Rezept, wie Sie Ihren Angehörigen vom Trinken abhalten können. Trotzdem wird nach der Lektüre dieses Buches nichts weitergehen wie bisher.

Schwieriges Problem – einfache Lösung?

Eigentlich hatte ich mir einen ganz kurzen Ratgeber vorgestellt. Er sollte nur aus einem Vorschlag bestehen: Wenn Sie mit einem Alkoholiker leben und unter den Folgen des Trinkens leiden, bleibt Ihnen nur eins: Sagen Sie ihm, dass er mit dem Trinken aufhören muss und sich dazu geeignete Hilfen holen soll, ansonsten würden Sie ihn verlassen.
Dann gibt es zwei Möglichkeiten:

a Er beendet das Trinken. Die damit verbundenen veränderten Lebensbedingungen bewältigen Sie gemeinsam mit Hilfe Dritter (Therapie, Selbsthilfe).
b Er hört nicht auf zu trinken. Sie suchen sich Unterstützung

für die nun zu bewältigenden Schwierigkeiten – Rechtsberatung, Selbsthilfe, Therapie, Freunde, Verwandte – und trennen sich.

In jedem Fall wird sich Ihr Leben verändern. Zum Guten. Auch wenn Sie sich das jetzt nicht vorstellen können.

Da ich selbst betroffen bin, weiß ich aber, dass es leider nicht ganz so einfach ist und dass Sie einen solchen Vorschlag in Ihrer Situation vermutlich als zynisch und unrealistisch empfinden.

Ich weiß noch genau, wie ich eines Tages in unserem offenen Wohn-Essbereich am Küchentisch saß und versuchte, einen längst überfälligen Geburtstagsbrief zu schreiben. Ich konnte mich nicht konzentrieren, immer wieder schaute ich zu meinem Mann hinüber, der in Jogginghose vor dem Fernseher saß, eine offene Bierflasche in der Hand. Meine beiden Söhne beschäftigten sich mit ihrer Playmobil-Stadt auf dem Dachboden, ihre Stimmen drangen immer wieder nach unten. Alles in allem das Bild einer heilen Familie, so könnte es einem flüchtigen Beobachter scheinen. In meinem Inneren sah es allerdings ganz anders aus. Zwei Stimmen lieferten sich ein erbittertes Wortgefecht. Jede gehörte mir:

»Ich ertrag es nicht mehr, es ekelt mich an!«

»Was du schon wieder hast! Er hat hart gearbeitet und kann doch wohl sein Feierabendbier genießen.«

»Er macht doch nichts anderes mehr! Er ist, wenn ich jetzt mal ganz ehrlich bin, ein langweiliger Säufer geworden!«

»Du spinnst doch! Er ist ein treusorgender Familienvater, der den ganzen Stress nur für uns, seine Familie auf sich nimmt!«

An meinem persönlichen Beispiel verdeutlicht sich das allgemeine Symptom: Angehörige von Alkoholkranken sind in der Regel verzweifelt, vor allem aber völlig ratlos und verunsichert.

Sie trauen sprichwörtlich ihren eigenen Augen nicht und wissen nicht, welcher ihrer inneren Stimmen sie folgen sollen.

Dieses Buch will versuchen, Ihnen zu helfen, sich selbst darüber klar zu werden, wie ernst das Alkoholproblem ist und was Sie tun können, um damit besser umzugehen.

Wenn Sie vielleicht nur ein Jahr früher hinsehen, als ich es getan habe, und damit die Chancen für Ihren Angehörigen und für sich selbst erhöhen, rechtzeitig einen anderen Weg einzuschlagen, dann hat dieses Buch alles erreicht, was es erreichen kann. Wenn es Ihnen die Illusion nimmt, dass Sie die Situation, so wie sie jetzt ist, (aus-)halten müssen, weil es sonst noch schlimmer wird – auch dann ist viel erreicht. Denn der Weg zu einer positiven Veränderung – und sei es nur für Sie selbst – verfügt über klar gesetzte Meilensteine: Augen öffnen. Realitäten erkennen. Realitäten akzeptieren. Handeln.

Für all das fehlte mir damals das Rüstzeug. Vielleicht können meine Erfahrungen dazu beitragen, dass Sie es sich ein bisschen schneller aneignen können als ich.

Ulla Schmalz

Augen öffnen

Im Durchschnitt bestimmt die Erkenntnis des Menschen, von welcher Art sie auch sei, sein Tun und Lassen.
Johann Wolfgang von Goethe

Befragungen in Selbsthilfegruppen für Angehörige haben ergeben, dass viele Ehefrauen von Abhängigen darüber nachgedacht haben, ob das Trinken ihres Partners noch normal sei, während dieser sich längst in der chronischen Phase seiner Erkrankung befand.

Ich machte hiervon keine Ausnahme. Als mein Mann im Rahmen seiner Tätigkeit als Psychologe und Fortbildungsmanager ein Seminar abhielt zum Thema »Gesundheit im Beruf«, habe ich sehr ernsthaft darüber nachgedacht, ob es ihm wohl gelänge, in dieser Zeit keinen Alkohol zu trinken. Zu diesem Zeitpunkt arbeitete er bereits keine Stunde des Tages mehr ohne einen gewissen Alkoholspiegel im Blut, um Zittern, Schweißausbrüche und andere Entzugssymptome zu vermeiden. Mir war auch nicht bewusst, dass es durchaus nicht normal ist, immer mindestens acht Flaschen gekühltes Bier im Kühlschrank vorrätig zu haben.

Woher auch? Bei uns war das schon lange so.

Alkohol ist eine Alltagsdroge

Man kann davon ausgehen, dass ca. 90% der Bevölkerung Alkohol trinken, die meistens wenigstens einmal pro Woche, ein

Fünftel aller Erwachsenen täglich, nur 10% leben abstinent. Alkohol kann immer und überall erworben werden und wird bei zahlreichen Anlässen ganz selbstverständlich konsumiert, unabhängig vom sozialen Status. Ob Fußballfanclub, Yachtclub, Gewerkschaft oder Unternehmerverband, getrunken wird überall, wenn auch nicht überall das Gleiche.

Dagegen ähneln sich die Anlässe. Gelegenheiten gibt es viele: Grog zum Aufwärmen; Aperitif vor dem Essen, Wein zur Mahlzeit, einen Schnaps zur Verdauung; einen Schlummertrunk zum Einschlafen; Sekt zum Einstand, eine Lokalrunde zum Abschied. Geburt. Taufe. Geburtstag. Hochzeit. Jubiläum. Beerdigung. Diese Liste ist nicht vollzählig, macht aber klar, wie normal und gesellschaftlich akzeptiert das Trinken von Alkohol ist.

Das ist zunächst unproblematisch. Man kann davon ausgehen, dass Menschen, die zu ausgewählten Anlässen und meistens aus einer positiven oder eher neutralen Stimmungslage heraus ab und zu Alkohol trinken, in der Regel nicht gefährdet sind. Auch ein leichter Rausch, ein- bis zweimal im Jahr, entspricht wohl der europäischen Trinknorm. So ist festzuhalten, dass selbst regelmäßiges Alkoholtrinken nicht zwingend zu der Schlussfolgerung führen muss, der- oder diejenige sei alkoholabhängig.

Alkoholkonsum führt nicht zwingend in die Abhängigkeit

Gerade dadurch, dass so viele Menschen Alkohol trinken, wird deutlich, dass Alkohol ein eher geringes Suchtpotenzial hat. Bei anderen suchterzeugenden Substanzen braucht es nicht den langen Weg der Gewöhnung, wie sich am Beispiel der Nikotinabhängigkeit erkennen lässt. Auch die Vorstellung, jemand nähme jahrelang aus Gewohnheit Heroin zu sich, um dann erstaunt festzustellen, dass er mittlerweile von dem Stoff abhängig geworden ist, erscheint absurd.

Offensichtlich ist weder die Tatsache des Alkoholkonsums noch dessen reale Menge für sich genommen ein Kriterium für die Diagnose, jemand sei alkoholabhängig. Doch gerade das macht die Gefährlichkeit der Droge Alkohol aus: Die Entwicklung zur Abhängigkeit erfolgt schleichend über viele Jahre des Missbrauchs. Man könnte sogar sagen, dass es in unserer Gesellschaft kaum jemanden interessiert, wie viel jemand trinkt, solange er in seinem sonstigen Verhalten nicht weiter auffällt.

Damit sind wir allerdings beim springenden Punkt. Sie haben dieses Buch in die Hand genommen, weil Ihnen etwas aufgefallen ist. Sie haben angefangen, sich Gedanken über das Trinkverhalten eines Menschen zu machen, irgendetwas scheint in Ihren Augen mit dem Trinkverhalten nicht zu stimmen. Trauen Sie ruhig Ihren Augen!

▶ **Wenn Sie anfangen, sich Gedanken über das Trinkverhalten eines Menschen zu machen, dann stimmt was mit dem Trinkverhalten nicht. Man kann es auch so formulieren: Wenn Alkohol zum Problem wird, ist Alkohol das Problem.**

Das Trinken hat eine Funktion

Dabei wird Alkohol selbst zunächst einmal oft zur Spannungsreduzierung eingesetzt: In geringen Mengen (0,2 l Bier oder 0,1 l Wein) wirkt er anregend, bei höherer Dosierung dämpfend auf das Zentralnervensystem. Die meisten von uns kennen die angenehmen Folgen: Ein, zwei oder auch mehrere Gläser Bier oder

Wein finden ihren Weg zu unserer Leber, unserer Bauchspeicheldrüse, zu unseren Nieren, unserem Herzen, vor allem aber zu unserem Gehirn, der Schaltzentrale unseres Körpers. Wir bemerken ein wärmendes Kribbeln im Magen und fühlen uns entspannter, beschwingter und unsere Gedanken fließen leichter. Selbst eine Dämpfung des Zentralnervensystems bei hoher Dosierung wird von den meisten Konsumenten eher beiläufig wahrgenommen, der Abbau von Hemmungen und die Stimmungsaufhellung stehen im Vordergrund. Zusammengefasst lassen sich die positiven Wirkungen von Alkohol so beschreiben:

Er kann helfen, Angst und Schüchternheit zu überwinden. Er macht Einsamkeit erträglicher, verringert Minderwertigkeitsgefühle, Spannungen und Furcht vor Versagen. Er kann Freude verstärken. Alkohol enthemmt und obwohl seine pharmakologische Wirkung eine beruhigende ist, wird er als stimmungsaufhellend, anregend und befreiend erlebt. Dies macht seine große Beliebtheit aus und es ist wohl eine Tatsache, dass entgegen aller Beteuerungen der Weinliebhaber auch diese nicht nur wegen des Geschmacks Wein trinken.

Hier sind die verbreitetsten Trinkmotive:

Alkohol

- entspannt mich;
- beruhigt mich;
- hilft mir bei Langeweile;
- macht mich gesellig;
- hilft mir, meine Schüchternheit zu überwinden;
- hilft mir bei Schlaflosigkeit;
- macht mich einfallsreich und beflügelt meine Phantasie;
- hilft mir, Sexualität zu erleben;
- macht mich sorgloser;

- macht mich leistungsfähiger;
- regt den Appetit an;
- hilft, dass ich mich nicht ausgeschlossen fühle;
- hilft mir, abzuschalten;
- hilft, meine Ohnmachtgefühle auszuhalten;
- wirkt wie eine Arznei;
- macht mich leicht und fröhlich.

Alkohol beeinflusst das Denken und Fühlen, und zwar unabhängig davon, ob der Betreffende das will oder nicht oder ob er es bemerkt oder nicht. Es lässt sich nicht vermeiden.

Wann beginnt problematischer Alkoholkonsum?

Wird die positiv erlebte Wirkung von Alkohol gezielt durch Trinken gesucht, ist das Trinkverhalten problematisch.

Wer einen halben Liter Bier oder einen Viertelliter Wein zügig trinken kann, ohne davon eine Änderung im Befinden und in der Stimmung zu merken, treibt mit hoher Wahrscheinlichkeit Alkoholmissbrauch.

Wenn Sie also bei Ihrem Angehörigen zwei der drei folgenden problematischen Verhaltensweisen beobachten, ist Ihre Sorge vermutlich berechtigt:

- **gezieltes Wirkungstrinken;**
- **täglicher Alkoholkonsum;**
- **Steigerung der Trinkmenge.**

Der Weg in die Abhängigkeit

Wie lange es dauert, bis es zur Abhängigkeit kommt, ist dabei nicht nur von der regelmäßig konsumierten Menge abhängig, auch das Einstiegsalter spielt eine große Rolle. So wird jemand, der sich mit 14, 15 Jahren schnell an hohe Trinkmengen und auch harte Alkoholika gewöhnt, schon nach ein bis zwei Jahren das Vollbild einer Alkoholabhängigkeit zeigen, während bei späterem Beginn und eher niederprozentigen Alkoholika der Prozess sich über Jahrzehnte hinziehen kann.

Als erster hat der amerikanische Alkoholismusforscher Elvin Morton Jellinek nach seinen Beobachtungen und vor allem auch in Zusammenarbeit mit den Anonymen Alkoholikern eine Abfolge von Phasen beschrieben, die auch heute noch gebräuchlich ist. Er unterscheidet vier Phasen:

- die voralkoholische Phase;
- die Anfangsphase;
- die kritische Phase;
- die chronische Phase.

In der voralkoholischen Phase ▶ ist das Trinken unauffällig und zumeist sozial motiviert. Das Trinken wird als erleichternd und angenehm erlebt.

Menschen, die den Alkohol als besonders wohltuend erfahren, weil sie vielleicht unter starken Ängsten oder Hemmungen leiden, sind mehr als andere gefährdet, dennoch ist es nicht möglich, vorherzusagen, wer von den so trinkenden Menschen einmal abhängig werden wird.

Wenn der Alkohol häufiger als Medikament zur Stimmungsregulation benutzt wird, fängt der Körper an, sich an den Wirkstoff zu gewöhnen. Schließlich wird mehr Alkohol benötigt, um die gleiche angenehme Wirkung wie in der ersten Zeit zu erleben. Es kommt zu einer Erhöhung der Alkoholtoleranz. Gleichzeitig wird es schwerer, seelische Belastungen nüchtern auszuhalten, da es immer seltener geübt wird.

Vielleicht hilft Ihnen hier der Vergleich mit dem Gebrauch eines Muskels. Wenn Sie jemals ein gebrochenes Bein hatten, wissen Sie, wie kläglich verkümmert schon nach kurzer Zeit der nicht benutzte Muskel ist. Ähnlich ist es mit der Seele. Und so wird in der Folge fast täglich die angenehme Methode des Spannungsabbaus gesucht. Die erleichternde Wirkung muss gar nicht bewusst angestrebt werden, sie beeinflusst das Verhalten trotzdem.

Die Besonderheit des Trinkens ist in dieser Phase meistens weder der Partnerin noch dem Umfeld verdächtig, allerdings kann hier der Betroffene schon ahnen, dass er anders trinkt als andere, wird das Trinken doch zum Bestandteil seines Tagesablaufs. Auch kann es sein, dass jemand hier schon deutlich spürt, dass er Alkohol mehr braucht als andere Menschen, um sich gut zu fühlen. Hierzu gibt es auch neuere Forschungsergebnisse aus der Neurobiologie, die dies belegen (siehe 34 ff.).

Die Anfangsphase, ▶ die nächste Phase der Entwicklung zur Abhängigkeit, kann nach Jellinek zwischen sechs Monaten und zwölf Jahren (!) dauern. In dieser Zeit treten erste Erlebnisse auf, die den Betroffenen spüren lassen, dass sein Trinken sich verändert.

Mitunter beginnt hier schon das heimliche Trinken und der Betroffene legt sich dafür erste Alkohol-Vorräte an. Immer häufiger kreisen die Gedanken um Alkohol, es muss überlegt werden, ob die Vorräte ausreichen und wie für Nachschub gesorgt werden kann.

Auch dies kann ganz unauffällig gelebt werden, da es in unserer Kultur eher normal ist, einen Alkoholvorrat zu Hause zu haben, und sei es in Gestalt eines gepflegten Weinkellers oder einer gut gefüllten Hausbar.

Da der Betroffene fürchten muss, negativ beurteilt zu werden, möchte er nicht, dass jemand erfährt, wie viel er tatsächlich trinkt. Dies wäre ihm peinlich. Deshalb sucht er nach Gelegenheiten, schnell ein Paar Schlucke zu trinken, ohne dass es jemand bemerkt. In jedem Fall wird er mit allen Mitteln versuchen, seinen wirklichen Konsum zu verbergen.

Jemand, der so trinkt, weiß, dass etwas mit seinem Trinken nicht stimmt, zumal erste Gedächtnislücken auftreten, sogenannte »Filmrisse«. Sie sind deutliche Hinweise darauf, dass das Stadium der Abhängigkeit bevorsteht.

Der Betroffene entwickelt Schuldgefühle und vermeidet Gespräche über Alkohol. Anders als früher, als Alkohol half, Kontakte zu knüpfen und sich in Gesellschaft wohler zu fühlen, zeigen sich nun erste Isolationstendenzen. Allerdings kann es auch sein, dass ein Mensch sowieso in einer Umgebung lebt, in der starkes Trinken normal ist – in diesem Fall muss auch nicht heimlich getrunken werden.

Ganz typisch ist, dass es abends zu einem Stadium des Alkoholisiertseins kommt, das die Bezeichnung »Narkose der Seele« zu Recht trägt. Der Alkoholkonsum ist in dieser Phase insgesamt zwar hoch, fällt aber den meisten Mitmenschen des Betroffenen nicht besonders auf.

Anders dem Lebensgefährten bzw. in den meisten Fällen der Lebensgefährtin, die neben dem alkoholisierten Zustand zunehmend mit Gleichgültigkeit und unwirschem Verhalten konfrontiert wird. Aber statt den Partner mit dem gestiegenen Alkoholkonsum zu konfrontieren, wird das Trinken eher entschuldigt, etwa den starken beruflichen Belastungen zugeschrieben. Das Alkoholproblem wird verleugnet, für Schwierigkeiten, in die der Betroffene durch Alkohol gerät, wird selbst Verantwortung übernommen. Entdeckt man z.B. Alkoholvorräte seines Partners, sorgt man dafür, dass niemand anderes sie findet. Müssen Verabredungen abgesagt werden, weil der Partner betrunken im Bett liegt, erfindet man Ausreden. Ein solches solidarisches Verhalten ist verständlich, unterstützt aber das Trinkverhalten des Betroffenen und wird deshalb von Fachleuten mit dem Begriff der Co-Abhängigkeit belegt (mehr dazu ab S. 89)

Um dieses Verhalten geht es natürlich auch in einem Ratgeber für Angehörige. Hier mehr Klarheit für sich selbst zu bekommen und das eigene Tun zu hinterfragen, ist Ihre Chance zu einer Veränderung.

Die kritische Phase ▶ wird eingeleitet durch das Auftreten von Kontrollverlusten. Dadurch wird die Krankheit oft erstmalig für das soziale Umfeld deutlich. Der so trinkende Mensch erfährt vermehrt Ablehnung.

Kleinste Mengen können einen nicht zu beherrschenden Drang nach mehr Alkohol auslösen. Die Fähigkeit, den Alkoholkonsum willentlich und aus eigener Kraft zu beenden, geht verloren. Allerdings kann hier noch Kontrolle darüber bestehen, ob und wann getrunken wird.

Nach Trinkbeginn jedoch kommt es immer wieder zu Exzessen und infolgedessen zu sozialen Konflikten. An diesem Punkt beginnt das Umfeld sich von dem »Trinker« zu distanzieren.

Doch auch diese Phase kann sehr unauffällig verlaufen, so funktionieren »Spiegeltrinker« lange Jahre ohne jeden Kontrollverlust. Über kurz oder lang verändert sich aber unweigerlich das soziale Verhalten. Großspuriges Benehmen im alkoholisierten Zustand oder dauernde Zerknirschung in den nüchternen Phasen lösen in den Angehörigen ein Wechselbad unangenehmer Gefühle aus. Latente Aggressivität weckt Angst, auch wenn sich die Aggressivität vielleicht nur in zynischen Bemerkungen über Dritte äußert. Wenn Tätlichkeiten dazukommen, wächst die Furcht und die Frage »Gehen oder Bleiben?« wird existenziell. Diese wird als Forderung an den Betroffenen weitergegeben: »Wenn du nicht aufhörst zu trinken, siehst du mich nicht wieder!«

Auf Druck der Familie und auch, weil dem Trinkenden inzwischen selbst klar ist, dass er ein massives Problem hat, werden immer wieder Versuche unternommen, den Konsum zu reduzieren. Es gibt Phasen von Abstinenz, es werden verschiedenste Trinksysteme probiert: keine harten Sachen, nicht vor Sonnenuntergang etc. Alle diese Versuche scheitern, damit schwindet auch die Hoffnung der Angehörigen auf eine Besserung. In dieser Phase sind es dann zuweilen auch die Angehörigen, die aggressiv reagieren und ihren betrunkenen Partner schlagen aus hilfloser Wut und Verzweiflung.

Verhalten und Denken des Betroffenen konzentrieren sich immer stärker auf Alkohol, Interessen und Beziehungen werden vernachlässigt und aufgegeben, auch Sexualität wird unwichtig. Es kommt zu auffallendem Selbstmitleid. Vielleicht wird der Wohnort, die Arbeit aufgegeben oder doch mit dem Gedanken daran gespielt. Erste Kündigungsdrohungen oder familiäre Trennungen verstärken das Gefühl, von allen verlassen zu sein. Die Ernährung wird vernachlässigt und erste Behandlungen im Krankenhaus stehen an, die aber noch nicht den Namen »Alkoholismus« tragen, sondern als Unfälle jeglicher Art, Kreislaufprobleme, Magenschmerzen usw. daherkommen. Wegen der einsetzenden Entzugssymptome kommt es zum regelmäßigen morgendlichen Trinken.

Diese Beschreibung hört sich sehr dramatisch an, das Geschehen kann aber nach außen durchaus immer noch unauffällig bleiben oder doch geduldet werden, wenn der Betroffene es noch schafft, seinen Alltag zu regeln. Hierher gehören z.B. die Chirurgen, die sich ihren »Zitterschluck« vor der Operation genehmigen, die Lehrerin, die mittags nach der Schule den ersten Piccolo trinkt, auch der Politiker, der zur Morgenbesprechung einen Kognak zum Kaffee braucht.

Mein Mann war in dieser Phase noch als Personalmanager tätig, eine Kollegin arbeitete noch als Sozialarbeiterin im Jugendamt. Es ist aber nur eine Frage der Zeit, bis das Ausmaß des Alkoholproblems auch dem nicht so nahen Angehörigen deutlich wird.

Die chronische Phase ▶ ist gekennzeichnet durch regelmäßiges, auch morgendliches Trinken und zum Teil tagelange Rauschzustände. Die immer wieder auftretenden Exzesse haben einen fortschreitenden seelischen und körperlichen Abbau zur Folge. Spätestens in dieser Phase gehen der Arbeitsplatz und meistens auch die Familie verloren, am Ende oft auch die Wohnung. Es wird kein anderes Ziel als der nächste Schluck verfolgt, das Trinken ist zum beherrschenden Lebensinhalt geworden.

Es ist nun auch egal, mit wem getrunken wird. Konzentrations- und Merkfähigkeitsstörungen nehmen zu. Der Betroffene leidet an heftigen Angstzuständen, das Zittern ist auch durch Trinken kaum noch zu beherrschen und bei Trinkpausen (freiwillig oder unfreiwillig) kann es zu gefährlichsten Komplikationen kommen in Form von Krampfanfällen und Delirien.

Die Alkoholtoleranz nimmt ab, so dass es schon bei kleinen Mengen Alkohol zu schweren Räuschen kommen kann. Die Schädigungen sind so weit fortgeschritten, dass der Rausch schon vor Beseitigung der Entzugssymptome auftritt. Das Trinken wird wichtiger als Essen, und wenn kein Alkohol zur Verfügung steht, werden auch andere Produkte konsumiert wie Haarwasser oder Brennspiritus.

Alkoholabhängigkeit ist eine schwere Krankheit

Die Phasenbeschreibung macht deutlich, dass zu Anfang scheinbar harmloses Trinken aus Geselligkeit sich ohne gegensteuernde Maßnahmen so verselbstständigen kann, dass es eine Krankheit zum Tode wird. Ganz sicher treten die beschriebenen Phänomene nicht bei jedem Menschen in dieser Reihenfolge auf, einige vielleicht gar nicht und andere viel früher oder viel später als in den einzelnen Phasen beschrieben. Dennoch werden Sie Ihren Angehörigen vermutlich in der einen und anderen Beschreibung wiedergefunden haben.

Angedeutet wurde bereits auch, dass bei einer Alkoholabhängigkeit der Trinkende nie alleine zu betrachten ist, sondern das gesamte soziale Umfeld – Partner, Kinder, Freunde, Kollegen – mitbetroffen ist.

Angehörige sind immer mitbetroffen

In dem folgenden Schaubild (vgl. Kruse u.a. 2013, S. 82) wird die Entwicklung des Angehörigen in Beziehung zu der Entwicklung des Betroffenen gesetzt.

Auch hier gilt, dass eine komplizierte Entwicklung in stark vereinfachter Form dargestellt wird. Die einzelnen Schritte müssen nicht zwangsläufig in der beschriebenen Richtung verlaufen. Ein Ausstieg ist an jedem Punkt möglich.

DER WEG IN DIE ABHÄNGIGKEIT

ABHÄNGIGER

Anfangsphase

- gelegentliches, aber zunehmendes Erleichterungstrinken
- in Gesellschaft häufig unterhaltend, spritzig, charmant
- regelmäßiges Trinken und Steigerung der Trinkmenge
- Vorsätze, mit dem Trinken aufzuhören oder es noch besser zu kontrollieren, werden häufiger gebrochen
- Schamgefühle, weil man versagt hat, Schuld dafür wird bei anderen gesucht
- Leugnen von exzessivem Trinken
- erste Erinnerungslücken

akute Phase

- häufiger Kontrollverlust
- häufiger Stimmungswandel
- unberechenbare Großzügigkeit
- Vermeiden von Gesprächen über Alkohol
- Finden von Entschuldigungen für Versagen
- zunehmende Unzuverlässigkeit
- Verlust von Interessen
- Gedanken kreisen häufiger um Alkohol
- allgemeine Vernachlässigung (z.B. Ernährung, Kleidung, Hygiene)
- agressives Verhalten gegen Partner / Kinder
- Flucht vor Gesprächen über Alkohol
- serviles Verhalten am Arbeitsplatz
- Geldsorgen – dennoch spontane überdimensionierte Geschenke für den Partner oder die Kinder, um Aggressionen vorzubeugen

chronische Phase

- zunehmende Schwierigkeitem am Arbeitsplatz
- Führerscheinverlust
- zunehmende Wesensveränderung
- die Alkoholalibis und Erklärungssysteme brechen zusammen
- die Machtlosigkeit gegenüber dem Alkohol wird geahnt und schließlich zugegeben

MITBETROFFENER

- erste Ahnungen, dass der Angehörige anders trinkt
- problematischer Umgang mit Alkohol ist hin und wieder Gesprächsthema
- Ermahnungen, sich doch bitte zusammenzunehmen werden vom Trinkenden als Nörgelei und Kritiksucht abgetan
- Übernahme von Verantwortung bei alkoholbedingten Schwierigkeiten
- Entschuldigungen und Ausreden für den Angehörigen
- Gespräche über Alkohol werden durch Kritik und Missachtung zunehmend vergiftet
- Zweifel an der eigenen Beobachtungsgabe
- Gefühl der Angst und Spannung vor unerwarteten Ereignissen steigt
- zeitweise Hoffnung, dass bald alles wieder so wird wie früher
- tiefe Mutlosigkeit und Ohnmachtsgefühle bei Rückfällen
- körperliche und psychische Beschwerden nehmen zu, manchmal verbunden mit Missbrauch von Beruhigungs- und Schlafmitteln
- Todeswünsche (»Wenn er doch nur mal gegen einen Baum fahren würde!«)
- tiefe Verzweiflung, Resignation
- Drohungen – ohne Konsequenzen zu ziehen
- Absagen aller sozialen Anlässe, zunehmende familiäre Isolation
- Zuteilung von Alkoholrationen und Ausgießen voller Flaschen
- Angst vor Aggressionen
- Geldsorgen
- Erkennen, dass man Probleme des Angehörigen nicht lösen kann
- erste Versuche, wieder eine selbstständig handelnde Person zu werden
- Aufsuchen und Annehmen von Hilfsangeboten

Wichtig ist, dass Sie sich klar machen, wo Ihr Angehöriger und Sie selbst nach Ihrer Einschätzung stehen.

Dazu werde ich Ihnen zwischendurch immer mal wieder Vorschläge für eine kurze Übung machen. Wenn Sie jedoch Ihren Lesefluss lieber nicht unterbrechen möchten, dann lesen Sie einfach weiter. In Anhang I finden Sie einige Übungen, die Sie nutzen können, wann immer Ihnen danach ist.

ÜBUNG Nehmen Sie sich eine halbe Stunde Zeit und suchen Sie sich einen Raum, wo Sie ungestört von Kindern und Telefon für sich ganz allein sein können. Unterstreichen Sie in dem obigen Schaubild alle Punkte, die Ihrer Meinung nach auf Ihre Situation zutreffen.

Wenn Sie ganz erschrocken sind, weil Sie so viel unterstrichen haben, machen Sie einen Spaziergang oder atmen Sie zehnmal tief ein und aus! Sie sind dabei, sich der Realität zu stellen, das kann schmerzhaft sein, wird Ihnen aber helfen, Ihre Probleme zu bewältigen. ■

Achtung: Mit dieser Übung ist keine Diagnose gestellt. Sie dient dazu, dass Sie Ihren Einschätzungen und Gefühlen ins Auge sehen. Diagnosen sind Sache der Mediziner und Psychologen.

Wann ist die Grenze zur Abhängigkeit überschritten?

In der heutigen klinischen Praxis wird die Diagnose »Alkoholabhängigkeit« nach international gültigen Kriterien (International Classification of Disease, 10. Ausgabe = ICD-10) gestellt. Sie ist dann und nur dann zu stellen, wenn irgendwann während der letzten zwölf Monate drei oder mehr der folgenden sechs Kriterien zutreffend waren:

ICD-10 Kriterien der Alkoholabhängigkeit

1. Ein starker Wunsch oder eine Art Zwang, Alkohol zu konsumieren.
2. Verminderte Kontrollfähigkeit bezüglich des Beginns, der Beendigung und der Menge des Alkoholkonsums.
3. Körperliche Entzugssymptome bei Beendigung oder Reduktion des Konsums.
4. Nachweis einer erhöhten Alkoholtoleranz: Tagesdosen von Alkoholikern würden bei Konsumenten ohne Toleranzentwicklung zu einer schweren Beeinträchtigung oder sogar zum Tode führen.
5. Fortschreitende Vernachlässigung anderer Interessen zugunsten des Alkoholkonsums; erhöhter Zeitaufwand, um den Alkohol zu beschaffen, zu konsumieren oder sich von den Folgen zu erholen.
6. Anhaltender Alkoholkonsum trotz Nachweises eindeutiger schädlicher Folgen auf körperlicher Ebene (z.B. Leberschädigung), psychischer Ebene (z.B. depressive Verstimmungen) und / oder sozialer Ebene (z.B. Arbeitsplatzverlust).

Dies war jetzt die Medizinersprache. Die Fragen werden in Beratungs- und Diagnosegesprächen natürlich anders gestellt:

- Haben Sie in den letzten zwölf Monaten schon mal ein heftiges Verlangen gehabt, unbedingt Alkohol trinken zu wollen oder sogar das Gefühl, ihn einfach trinken zu müssen?
- Ist es in dieser Zeit schon vorgekommen, dass Sie eigentlich nur zwei Gläser trinken wollten, dies auch versprochen hatten, dann ist es aber doch wieder viel mehr geworden, weil Sie einfach den Zeitpunkt verpasst haben, aufzuhören?
- Hat Ihnen schon mal ein Glas Alkohol zum Mittag oder am

Vormittag geholfen, besser mit den Kopfschmerzen, dem leichten Zittern oder dem Unwohlsein fertig zu werden?

- Vertragen Sie mehr als früher?
- Trinken Sie lieber in Ruhe Ihr Bier, Ihren Wein, statt mit Ihrer Familie abends etwas zu unternehmen oder sich noch auf das Fahrrad zu schwingen?
- Hat Ihnen Ihr Hausarzt schon mal gesagt, Sie sollten lieber mal eine zeitlang den Alkohol weglassen?
- Sind Sie am Arbeitsplatz schon mal wegen einer Fahne aufgefallen?
- Sind Sie häufiger niedergedrückt und schlecht drauf?

Gerne werden auch Fragebögen genutzt. International bekannt und trotz seiner Kürze sehr aussagekräftig ist der CAGE-Fragebogen.

CAGE

CUT-DOWN: **Haben Sie schon mal das Gefühl gehabt, dass Sie weniger Alkohol trinken sollten?**

ANNOYED: **Haben Sie sich schon mal darüber geärgert, dass andere Ihr Trinkverhalten kritisiert haben?**

GUILT: **Haben Sie sich wegen Ihres Alkoholkonsums schon einmal schlecht oder schuldig gefühlt?**

EYE-OPENER: **Haben Sie jemals bereits morgens Alkohol getrunken, um Ihre Nerven zu beruhigen oder Ihren Kater loszuwerden?**

Ab zwei mit »Ja« beantworteten Fragen ist das Vorliegen einer Alkoholabhängigkeit sehr wahrscheinlich.

Auch der AUDIT (Alcohol Use Disorders Identification Test), ein von der WHO entwickelter Test, kann deutliche Hinweise geben. Hier sind 10 Fragen zu beantworten, deren Wertung von 0–40 Punkten reicht. Ein Wert von acht oder mehr Punkten wird als Hinweis auf problematischen Alkoholkonsum gewertet.

AUDIT

In diesem Fragebogen werden Sie nach Ihren Trinkgewohnheiten gefragt. Bitte beantworten Sie die Fragen so genau wie möglich. Als Maßeinheit gilt 1 Drink (= 12 g Reinalkohol); 1 Drink entspricht etwa 0,3 l Bier oder 1 / 8 l Wein / Sekt oder 2 Gläser 38 %iger Korn, Weinbrand oder Ähnliches.

	BEWERTUNG				
Fragen	0	1	2	3	4
1 Wie oft trinken Sie alkoholische Getränke?	Nie	1× im Monat oder seltener	2–4× im Monat	2–3× in der Woche	4× oder mehrmals in der Woche
2 Wie viele Drinks trinken Sie an einem typischen Trinktag?	1–2	3–4	5–6	7–9	10 oder mehr
3 Wie oft trinken sie 6 oder mehr Drinks zu einem Zeitpunkt?	Nie	weniger als 1× im Monat	1× im Monat	1× in der Woche	täglich oder fast täglich
4 Wie oft konnten Sie nicht aufhören zu trinken, nachdem Sie damit angefangen hatten?	Nie	weniger als 1× im Monat	1× im Monat	1× in der Woche	täglich oder fast täglich
5 Wie oft konnten Sie nicht tun, was von Ihnen erwartet wurde, weil Sie Alkohol getrunken hatten?	Nie	weniger als 1× im Monat	1× im Monat	1× in der Woche	täglich oder fast täglich
6 Wie oft brauchten Sie schon morgens ein alkoholisches Getränk, weil Sie vorher stark getrunken hatten?	Nie	weniger als 1× im Monat	1× im Monat	1× in der Woche	täglich oder fast täglich
7 Wie oft haben Sie nach dem Alkoholtrinken Gewissensbisse gehabt oder sich schuldig gefühlt?	Nie	weniger als 1× im Monat	1× im Monat	1× in der Woche	täglich oder fast täglich
8 Wie oft konnten Sie sich nicht an den vergangenen Abend erinnern, weil Sie Alkohol getrunken hatten?	Nie	weniger als 1× im Monat	1× im Monat	1× in der Woche	täglich oder fast täglich
9 Haben Sie sich oder eine andere Person schon einmal unter Alkoholeinfluss verletzt?	Nein		Ja, aber nicht in der letzten 12 Monaten		Ja, in der letzten 12 Monaten
10 Hat sich ein Verwandter, Freund oder Arzt schon einmal Sorgen wegen Ihres Alkoholkonsums gemacht oder Ihnen geraten, Ihren Alkoholkonsum zu verringern?	Nein		Ja, aber nicht in der letzten 12 Monaten		Ja, in der letzten 12 Monaten

Natürlich finden Sie auch im Internet jede Menge Fragebögen zu dem Thema, auch für Selbsttests, z.B. »Alkohol? Kenn dein Limit« (www.kenn-dein-limit.de).

Bitte beachten Sie unbedingt, dass diese Fragebögen nicht dazu gedacht sind, Ihren Angehörigen sozusagen des Alkoholismus zu »überführen«. Diese Fragen werden von den Profis mit den Betroffenen erörtert, damit eine Diagnose gestellt werden kann, die jemanden dazu berechtigt, professionelle Hilfe in Anspruch zu nehmen. Trotzdem kann es auch für Angehörige hilfreich sein, sich mittels dieser Fragen den Ist-Zustand deutlich zu machen, in dem sich der Mensch befindet, um dessen Trinkverhalten sie sich solche großen Sorgen machen.

Alkoholabhängigkeit akzeptieren

Nicht immer mögen wir das, was gut für uns ist.
Eleanor Roosevelt

Mit der Diagnose oder auch schon mit dem Verdacht der Alkoholabhängigkeit zu leben, ist nicht einfach, weder für den Betroffenen, noch für die Angehörigen. Das hat nicht zuletzt damit zu tun, dass die Alkoholsucht immer noch als ein moralisches Problem gesehen wird. Gerade die Fachleute – Ärzte und Psychiater – belegten das zwanghafte Trinken lange Zeit mit rigorosen moralischen Werturteilen. So brachte der »große alte Mann« der deutschen Psychiatrie, Hans Bürger-Prinz, 1938 seine Haltung diesen Menschen gegenüber auf den folgenden, »wissenschaftlichen« Standpunkt, der alle gängigen Klischees über Abhängige versammelt:

»Die Alkoholiker sind häufig sehr erregbare, zu Tobsuchtsanfällen oder Misshandlungen neigende, willensschwache, haltlose, triebhafte, einsichtslose, lügnerische, hemmungslose, stimmungslabile, leicht schwachsinnige, kriminelle Persönlichkeiten.«

Alkoholismus in der öffentlichen Wahrnehmung

Wen wundert es da, dass niemand sich freiwillig zu so einem Menschen zählen möchte und auch Angehörige dieses Bild nicht mit ihrem Familienmitglied in Zusammenhang bringen? Zwar wissen die meisten Menschen mittlerweile durch Berichte in der Presse und entsprechende Fernsehsendungen zum Thema, dass jeder, wirklich jeder, der regelmäßig und darüber hinaus viel Alkohol trinkt, hiervon abhängig werden kann – keineswegs nur geistig, körperlich und moralisch labile Persönlichkeiten. Trotzdem wird mit dem Begriff »Alkoholiker« häufig noch die Vorstellung eines verwahrlosten, obdachlosen Menschen mit einer Flasche Schnaps in der Hand verbunden. Es handelt sich hierbei jedoch höchstens um die Endphase eines langen Krankheitsprozesses bei Menschen mit besonders ungünstigen Lebensbedingungen. Sie ist weder charakteristisch für die Krankheit, noch für die Person eines Süchtigen.

Ein Beispiel mag das verdeutlichen: Bei einer überraschenden Durchsuchung aller Schreibtische und Schränke nach verloren gegangenen Unterlagen in einer großen deutschen Versicherung fanden die Suchenden wahre Spirituosenlager in den Schubladen und Fächern ihrer Mitarbeiter – auch und vor allem in den Chefetagen.

Tatsächlich wird in den Büros, in den Lagerhallen und am heimischen Herd der Hausfrauen weitaus mehr getrunken als im Park. An fast drei Millionen Arbeitsplätzen steht die Flasche neben Schreibtisch und Werkbank. Richter, die während der Verhandlung einschlafen, Ärzte, die ihre zitternden Hände mit einem schnellen Schluck »beruhigen«, Politiker, die im Parlamentsplenum »rumröhren«, Polizisten, die betrunken im Streifenwagen die Sirene aufheulen lassen, LKW-Fahrer, die am Steuer einen Entzugskrampfanfall erleiden, weil sie nicht rechtzeitig an ihren Stoff kamen – diese Liste ließe sich endlos fortführen. Dabei handelt es sich nicht um Einzelfälle, sondern um Aufnahmeberichte, die täglich auf deutschen Entgiftungsstationen zu Protokoll gegeben werden.

Alkoholabhängigkeit ist quer durch alle Schichten so verbreitet, dass die Verdrängung und Leugnung nicht unbedingt etwas mit fehlendem Wissen zu tun hat. Eher ist sie Ausdruck einer unbewussten Abwehr, denn Alkoholiker zerstören die Illusion der Harmlosigkeit und der Poesie des Alkoholtrinkens. Sie bieten uns viel Raum für Schuldgefühle hinsichtlich unseres eigenen Umgangs mit Alkohol.

Zusammen mit der nach wie vor verbreiteten moralischen Verurteilung der Alkoholsucht sorgt die Leugnung des problematischen Trinkverhaltens dafür, dass die Abhängigkeit sich so fatal im Verborgenen entwickeln kann, dass Betroffene und Angehörige so lange brauchen, um sich dem Verdacht der Sucht zu stellen.

Doch statt den eigenen Scham- und Schuldgefühlen zu folgen, ist es allemal besser, den Tatsachen ins Gesicht zu sehen. Sie werden nicht plötzlich in Ihrem Angehörigen einen haltlosen Lügner und Betrüger entdecken, nur weil Sie die Augen aufmachen. Wenn Sie genau hinschauen, werden Sie vielleicht auch lernen zu verstehen, was mit ihm und mit Ihnen passiert.

Wie konnte es so weit kommen?

Es gibt verschiedene Modelle, die unterschiedliche Erklärungsansätze anbieten – psychologische, soziale und biologische –, die ich Ihnen nacheinander vorstellen möchte. Erwarten Sie nicht, das ein Modell alle Ihre Fragen, wie es denn so weit kommen konnte, beantwortet; wenn das so wäre, gäbe es die konkurrierenden Modelle nicht, längst hätte sich eines durchgesetzt. Wahrscheinlicher ist, dass Sie in verschiedenen Modellen Aspekte finden, die Ihnen einleuchten.

Mit jedem Erklärungsansatz und jeder neuen Perspektive auf abhängiges Trinken verbinden sich gleichzeitig verschiedene Optionen, mit dem Problem umzugehen, die ich hier aber nur kurz anreißen möchte. Ich lade Sie ein, das problematische Trinkverhalten einmal durch die theoretische Brille zu betrachten, damit von der eigenen Situation einen Schritt zurückzutreten und dann zu schauen, ob Sie etwas für sich daraus gewinnen können.

Psychologische Erklärungsmodelle

Es gibt keine einheitlichen Merkmale, die eine wie auch immer geartete »Suchtpersönlichkeit« ausmachen. Es existieren aber durchaus Eigenschaften, die bei Abhängigen häufiger anzutreffen sind als bei Nichtabhängigen, so z.B. eine Tendenz zur Problemvermeidung, Selbstunsicherheit, Gefühlsverdrängung, Schüchternheit und Schwierigkeiten, das Bedürfnis nach Nähe und Zuwendung zu verwirklichen.

Auffallend ist, dass sich diese Eigenschaften vermehrt auch bei Partnern von Abhängigen finden lassen, was die Vermutung nahelegt, dass das Phänomen »Co-Abhängigkeit« die Kehrseite der Medaille mit der Aufschrift »Sucht« ist.

Bei den psychologischen Erklärungsmodellen zur Entwicklung von Alkoholismus sind zu unterscheiden:

- der psychoanalytische Ansatz,
- der verhaltenstherapeutische und
- der systemisch-familientherapeutische Ansatz.

Die Psychoanalyse ▸ sieht die Wurzeln der Entwicklung einer Alkoholabhängigkeit in der frühen Kindheit. Sie ist das Resultat nicht ausreichend entwickelter »Ich-Funktionen«, die aus psychoanalytischer Sicht als bedeutsam für die Realitätsanpassung eines Menschen gesehen werden. Hierzu gehört die Fähigkeit zum Aufschub von Belohnungen, Frustrationstoleranz und als ganz wichtige Ich-Funktion die Differenzierung von Gefühlen. Bei einigen Alkoholabhängigen wird angenommen, dass sie von inneren und äußeren Reizen und Affekten geradezu überrollt werden. Der Alkohol dient dann dazu, diese ängstigenden und drängenden schlechten Gefühle auf Abstand zu halten. Hier wird der Alkoholismus nicht als Krankheit im herkömmlichen Sinn gesehen, sondern ganz im Gegenteil als ein verzweifelter Versuch, eine innere Notlage quasi zu kompensieren.

Das ist allerdings kein ausreichender Erklärungsansatz für die vielen »Selbstvernichtungstrinker«. Manchem erscheint die Abhängigkeit wie ein Selbstmord auf Raten. Tatsächlich ist die Suizidrate bei Alkoholkranken 75-mal höher als in der Allgemeinbevölkerung.

Psychoanalytische Erklärungsversuche vermuten als Ursache unbefriedigte kindliche Primärbedürfnisse sowie frühe Gewalterfahrungen. Missbrauch und Ablehnung verhindern die Ausbildung eines stabilen Selbstwertgefühls. Mit dem Trinken vernichtet man vor diesem Hintergrund nicht nur den Alkohol, sondern vor allem sich selbst. Durch das Trinken verschlingt der Süchtige sein nach außen verlagertes strenges und strafendes Über-Ich. Ein mächtiger und destruktiver Selbsthass wird als die eigentliche Triebkraft der Sucht gesehen.

Diese selbstzerstörerischen Kräfte erklären zumindest ansatzweise, weshalb bei Abhängigen Abschreckung kein Erfolg hat. So sind therapeutische Ansätze gescheitert, Abhängigen ihre katastrophale Gesundheitssituation oder die ihrer Mitpatienten vor Augen zu führen, z.B. mit Videoaufnahmen von

Krampfanfällen oder Delirien. Aber das ist ja auch von anderen Süchten bekannt. So bringt es die wenigsten Raucher dazu aufzuhören, wenn ihnen Bilder von kaputten Lungen oder Raucherbeinen gezeigt werden. Sucht lässt sich nicht rational auflösen.

Für Sie bedeutet das: Den Abhängigen mit Argumenten einer ungesunden Lebensweise zu konfrontieren, hat keine Aussicht auf Erfolg. Auch Vorwürfe treffen allzu oft nur auf eine offene Wunde. Besser ist es, Anstrengungen des Trinkenden, nüchtern zu bleiben, zu honorieren, ihm z.B. zu sagen, dass Sie es schön finden, dass Sie diesen Abend gemeinsam oder mit Freunden verbringen konnten.

Damit sind wir eigentlich schon bei einem anderen psychologischen Erklärungsmodell, dass davon ausgeht, dass erwünschtes Verhalten verstärkt werden kann.

Der verhaltenstherapeutische Ansatz ▶ beruht auf der Grundannahme, dass ein großer Teil unseres Verhaltens gelernt wird durch Belohnung und Bestrafung. Auch das Trinkverhalten kann man als gelernt betrachten, wobei eine ganze Reihe von Bedingungen in der Entwicklung und Aufrechterhaltung einer Sucht ineinandergreifen. Da sind zunächst die Modelle von Eltern, Verwandten und Freunden, wo erlebt wird, dass Alkoholtrinken positiv und normal ist. Dann macht man eigene Erfahrungen mit den angenehmen Wirkungen von Alkohol: leichterer gesellschaftlicher Umgang, entspannte Sexualität und Gefühle von sozialer Zugehörigkeit.

Dem Alkohol kommt dabei die Rolle eines kurzfristig meist erfolgreichen, aber langfristig mit unangenehmen Konsequenzen verbundenen Problemlösers zu. Ist dann das Stadium der körperlichen Abhängigkeit erreicht, wird weiterer Alkoholkonsum »belohnt« durch die Minderung der Entzugserscheinungen. So gesehen, kann man Sucht als erlerntes Hilfsmittel sehen, das eingesetzt wird, um Belastungen erträglich zu machen.

Das verhaltenstherapeutische Modell kann für den Umgang mit der Sucht genutzt werden, indem nüchterne Phasen mit möglichst positiven Erfahrungen verbunden werden. Wenn Ihr Angehöriger nicht trinkt, können Sie ihn z.B. zu Unternehmungen einladen, von denen Sie wissen, dass sie ihm Spaß machen. Hilfreich ist dieser Ansatz aber nur, wenn das Suchtproblem benannt ist und Ihr Angehöriger Ihre Unterstützung auch wünscht, sonst laufen Sie nur immer wieder ins Leere.

Der systemisch-familientherapeutische ▶ Ansatz wird von vielen Suchttherapeuten bevorzugt. Die Erfahrung, dass es ein Wechselspiel zwischen dem Abhängigen und seinen Angehörigen gibt, das zur Entstehung und zur Aufrechterhaltung der Sucht beiträgt, hat die Entwicklung dieses Erklärungsansatzes geprägt. Auch danach ist Sucht keine Krankheit im herkömmlichen Sinn, sondern Suchtverhalten dient dazu, Nähe und Distanz so zu regulieren, dass daraus keine bedrohlichen Beziehungskonflikte resultieren. Der Alkohol stellt dann z.B. den Sündenbock dar, der verhindert, dass Verantwortlichkeiten direkt zugesprochen oder Konflikte, die zu einer Infragestellung der Beziehung führen könnten, offen ausgetragen werden.

Wenn Sie erstmalig auf einen Therapeuten oder eine Therapeutin mit einem systemischen Ansatz treffen, können Sie das vielleicht daran merken, dass Sie den Eindruck gewinnen, hier wird Ihnen ein »Krankheitsgewinn« an der Abhängigkeit zugesprochen im Sinne von: »Irgendwas haben Sie doch davon, dass Ihr Mann trinkt!« Bewahren Sie dann die Ruhe und fragen nach, wie es gemeint ist.

Tatsächlich können – unbeabsichtigt – auch Vorteile durch das Trinken eines Angehörigen entstehen. Angehörige müssen z.B. häufiger Ausfallzeiten kompensieren und werden dabei zwangsläufig selbständiger, kompetenter und unabhängiger.

Diese Sichtweise ist ungewohnt, aber probieren Sie sie einfach mal aus. Der Blick ist ja sonst meistens auf die Nachteile der Sucht gerichtet, die ohne Zweifel schwerer wiegen, aber wenn Sie die Vorteile nicht gegen die Nachteile aufrechnen, sondern einfach mal überlegen, ob es Veränderungen durch das Trinken gibt, die Sie nicht zurücknehmen würden, wenn Ihr Angehöriger nüchtern wird, dann haben Sie gefunden, was die Systemiker meinen, wenn sie von »Krankheitsgewinn« sprechen.

Für mich z.B. gab es keinen Zweifel daran, dass ich niemals mehr die eigene Verantwortung für den Zustand der familiären Finanzen abgeben würde, nachdem ich durch die desolate Haushaltslage »gezwungen« worden war, mich darum zu kümmern.

Der systemische Ansatz macht ebenso sehr schön deutlich, warum nach einer längeren Phase des Alkoholmissbrauchs in einer Familie auch bei gelungenem Entzug nie wieder alles so wird wie vorher. Durch die Sucht verschieben sich die Aufgaben und Rollen in einer Familie immer in der einen oder anderen Weise. Deshalb wird von Suchttherapeuten, vor allem aber auch von der Selbsthilfe immer wieder darauf hingewiesen, wie notwendig eine Nachbehandlung nach einer Entwöhnungstherapie ist, gerade auch für die anderen Familienmitglieder.

Biologische und genetische Erklärungsmodelle

Immer mehr setzt sich in der Suchtforschung die Erkenntnis durch, dass Suchterkrankungen eine neurohormonale Grundlage haben und deshalb willentlich nur in begrenztem Maße zu kontrollieren sind.

Auch die genetische Disposition wird nicht mehr bestritten. Ungefähr die Hälfte des Risikos, alkoholabhängig zu werden, ist genetisch bedingt. Das Risiko ist für Kinder von Alkoholabhängigen etwa drei- bis viermal höher als für Kindern ohne alkoholabhängige Eltern. Das Risiko der genetischen Disposition lässt sich vergleichen mit dem Risiko der Disposition für Krebs, Diabetes, Rheuma, Allergien und Stoffwechselerkrankungen.

Auch die Fähigkeit, Alkohol gut abbauen zu können, wird vererbt. Besonders Söhne von alkoholabhängigen Vätern fehlt so ein natürliches Warnsignal, das zeigt, wie gefährlich und schädlich exzessiver Alkoholkonsum ist. Stattdessen erfahren die Söhne Anerkennung, gilt es doch als besonders männlich, jeden unter den Tisch trinken zu können.

Es gibt Studien, die darauf hinweisen, dass eine erhöhte Alkoholtoleranz Folge einer Unterfunktion wichtiger Neurotransmitter (Serotonin) ist. Das könnte ebenfalls genetisch bedingt sein oder als Folge früher sozialer Stressbedingungen auftreten: Vernachlässigung, früher Verlust wichtiger Bezugspersonen. Diese Unterfunktion mindert z.B. die Reaktion auf die beruhigende Wirkung von Alkohol.

Von einigen Neurobiologen wird die Ansicht vertreten, dass ein genetisch bedingtes Defizit an Endorphinen ein starkes Verlangen nach Alkohol auslösen könnte. Untersuchungen belegen, dass Alkoholiker eine wesentlich geringere Menge von Endorphinen produzieren als Nichtabhängige. Sie erinnern sich vielleicht: Endorphine sind für unser Wohlbefinden ausschlaggebend. Es sind die viel beschworenen »Glückshormone«, die z.B. auch nach dem Joggen ausgeschüttet werden. Alkohol im

Blut führt zur Ausschüttung von Endorphinen, wie bei allen anderen psychotropen Drogen auch. Grob unterteilt werden hier drei Gruppen:

- der »geborene Alkoholiker« mit genetisch bedingtem Defizit an Endorphinen;
- der »Erleichterungstrinker« mit normalem Endorphinspiegel. Sinkt dieser jedoch in Stresssituationen, wird Alkohol zur Stimmungsverbesserung eingesetzt und Gewöhnung tritt ein;
- der »chronische Alkoholtrinker«, der durch die ständige Zufuhr seinen normalen Endorphinspiegel gesenkt und somit ein permanentes Defizit hat.

Das Belohnungszentrum im limbischen System des Gehirns spielt hierbei eine wichtige Rolle. Das Suchtmittel, in unserem Fall der Alkohol, stimuliert das System, der Konsument fühlt sich besser als vorher. Das Trinken führt zu einem Gefühl der Zufriedenheit und des Glücks und diese Belohnung geht in die Erinnerung ein. Je öfter ein bestimmtes Verhalten belohnt wird und je größer die Belohnung ausfällt, desto intensiver wird die Erinnerung. Entsprechend führt fortgesetzter Alkoholkonsum zu einer »Umprogrammierung« des Belohnungsszentrums. Erschwerend kommt hinzu, dass Alkohol (und andereDrogen) dieses Zentrum viel stärker aktivieren als natürliche Reize wie Essen, Sex, soziale Kontakte, Musik, Sport.

Schon so verkürzt dargestellt wird hoffentlich deutlich, wie schwierig für Betroffene das »Umlernen« ist, das z.B. in einer Therapie geübt wird. Das Suchtgedächtnis gilt nach wie vor als unlöschbar, so wie alle anderen Gedächtnisinhalte auch. Deshalb wird den Betroffenen z.B. empfohlen, auch keine Experimente mit alkoholfreien Getränken (Bier, Wein) einzugehen, um das Suchtgedächtnis nicht zu aktivieren.

Was allerdings nicht vererbt wird, ist der Wunsch, viel zu trinken! Dies habe ich meinen Söhnen klar mit auf ihren Weg gegeben: Beide vertragen Alkohol sehr gut und sind deshalb auch besonders zurückhaltend in ihrem Konsum.

Soziale und kulturelle Erklärungsmodelle

Die Welt, in der wir leben, hat großen Einfluss auf das Trinkverhalten, die Trinkmenge, die Entstehung, die Ausformung und den Verlauf einer Alkoholerkrankung. Hierbei ist zuallererst die Herkunftsfamilie zu nennen. Neben den genetischen Risikofaktoren gibt es in einer Suchtfamilie aber auch massive psychosoziale Risikofaktoren. Welche dann die Abhängigkeitsentwicklung letztendlich bestimmen, lässt sich nur schwer unterscheiden. Sicher ist, dass in einer Familie, in der viel getrunken wird, in der es an Zuneigung und Offenheit fehlt, in der es Missbrauch und Gewalt gibt und die Grenzen willkürlich gesetzt werden, suchttypische Verhaltensweisen gefördert werden. Auf einer solchen Basis entstehen Ängste, geringes Selbstwertgefühl, Hemmungen und Kontaktstörungen. Wenn ein Kind, aufgewachsen unter solchen Bedingungen, dann noch früh die lindernde Wirkung von Alkohol kennenlernt, ist niemand überrascht, wenn es ebenfalls zu trinken anfängt.

Im Grunde leuchtet dies als Erklärungsansatz für die Entwicklung einer Alkoholabhängigkeit ein – man hat hier die viel beschworene »unglückliche Kindheit« im Kopf. Gleichwohl führt auch die Herkunft aus einer Alkoholikerfamilie nicht zwingend zur Entwicklung einer eigenen Abhängigkeit.

Wenn Sie den Bestseller »Die Asche meiner Mutter« kennen, die Kindheitserinnerungen von Frank McCourt, wissen

Sie, dass manche auch ganz harten Ausgangsbedingungen zum Trotz ihren eigenen Weg gehen. Für Frank McCourt gehörten zu diesen harten Bedingungen auch die Trinkgewohnheiten in den Slums von Limmerick. Wo Hunger und Arbeitslosigkeit herrschen, liegt der Griff zur Flasche nahe, nicht nur wegen der freien Zeit und der möglichen Langeweile, sondern auch weil das Selbstbewusstsein sinkt und nicht selten Trost im Alkohol, oft in Gesellschaft anderer Arbeitsloser gesucht wird, wo dann die Gruppe ihrerseits eine eigene Dynamik entfaltet.

Damit kein falscher Eindruck entsteht: Trinken ist nicht schichtabhängig. Es gibt natürlich auch eine Abhängigkeitsentwicklung bei Menschen, die regelmäßig kostbaren Champagner, teuren Whisky oder Wein konsumieren. Wohlstand schützt nicht vor einer Sucht und deren Folgen. Sie ist nur meist wesentlich länger zu kaschieren und hat nicht die soziale Dimension des »proletarischen« Trinkens. Die körperlichen Folgen (S. 42 ff.) sind identisch.

Bedeutsamer als das soziale Milieu ist die Verfügbarkeit von Alkohol und die positive Bewertung von Alkohol im persönlichen Umfeld wie im kulturellen. Wir alle wachsen in einer Kultur auf,

- in der Betrunkensein geduldet wird;
- in der das Fernsehen voller Werbespots ist, die Alkohol als Mittel zur Entspannung und Geselligkeit anpreisen (denken Sie nur an die Bacardi-Werbung mit dem Versprechen des Barcardi-Feelings);
- in der die negativen Folgen des Trinkens geleugnet und verdrängt werden;
- in der Trinkfestigkeit als erstrebenswert gilt und
- in der wir Alkohol auch mit relativ geringen Geldmitteln 24 Stunden am Tag erwerben können.

An diesem Umfeld können wir nichts ändern, damit müssen wir leben. Wenn vor diesem Hintergrund aber auch das persönliche Umfeld Alkoholkonsum nicht nur billigt, sondern sogar Alkohol trinkende Vorbilder bereithält, wird klar, wie schwer es ist, den Versuchungen einer zunächst so harmlos scheinenden Droge zu widerstehen.

Nicht nur bestimmte Vereinszugehörigkeiten (Fußballfans, Kegelbrüder) werden mit verstärktem Alkoholkonsum in Verbindung gebracht, auch bestimmte Berufe weisen erhöhte Missbrauchsraten auf. Dies sind alle alkoholnahen Berufe wie Brauer, Gastwirt, Kellner etc., aber auch Bauberufe und Kontaktberufe. Ist es üblich, berufliche Angelegenheiten bei einem Glas Wein oder einem Geschäftsessen zu besprechen, fällt man auf, wenn man nur Nichtalkoholisches bestellt. Das erfordert Mut. Wenn Ihr Angehöriger in einer Branche mit solchen Gepflogenheiten arbeitet, wird er in den seltensten Fällen deshalb den Job wechseln wollen, zumal in Zeiten fehlender Alternativen. Sie können aber vielleicht gemeinsam überlegen, wie Sie Einfluss auf die Rahmenbedingungen nehmen können: Cafés statt Restaurants wählen, eher Termine am Vormittag als am Abend vorschlagen, usw.

Neben der Eindämmung der Versuchung besteht natürlich auch die Möglichkeit, kommunikative Strategien zu üben, die die Ablehnung von alkoholischen Getränken erleichtern. So etwas lernt man z.B. in einer Therapie oder in einer Selbsthilfegruppe.

Wenn Ihr Angehöriger darüber nachdenkt, ob er eine solche Gruppe aufsuchen sollte oder nicht, unterstützen Sie die Idee! Ein trockenes Umfeld ist in jedem Fall hilfreich und speziell der Besuch von Selbsthilfegruppen ist einer der wichtigsten Faktoren, um langfristig aus der Sucht herauszukommen.

Neben dieser Vielzahl von psychologischen, genetischen und sozialen Faktoren, die in einem komplizierten Zusammenspiel aufeinander einwirken, ist der Suchtfaktor der Droge Alkohol in Betracht zu ziehen, der erst im Lauf der Zeit seine Wirkung entfaltet, und auf den Sie gar keinen Einfluss haben.

Der Suchtfaktor der Droge Alkohol

Alkohol ist eine bewusstseinsverändernde Droge, die wegen ihrer enthemmenden, entspannenden, angstmindernden und beruhigenden Wirkung ein beachtliches Missbrauchs- und Abhängigkeitspotenzial hat. Je eindeutiger, schneller und erwünschter der Effekt nach der Einnahme einer Droge eintritt, desto höher ist auch ihr Suchtpotenzial. Natürlich spielt auch die Wirkzeit und die Zeit des Abbaus eine Rolle, diese kann durchaus sehr unterschiedlich sein.

Wenn man allerdings davon ausgeht, dass 90% der Bevölkerung gelegentlich und ein großer Anteil sogar regelmäßig Alkohol trinkt, ohne körperlich abhängig zu werden, hat Alkohol im Vergleich zu Nikotin, Heroin und Kokain ein eher geringes Suchtpotenzial.

Die Wirkung der Droge Alkohol potenziert sich jedoch, je länger und je heftiger getrunken wird. Irgendwann sind die auftretenden Symptome beim Entzug so gravierend, dass gegenüber den körperlichen Faktoren alle anderen in den Hintergrund treten.

Körperliche Folgeschäden des Alkoholkonsums

Es gibt keine andere frei erhältliche Substanz, die so umfassende und gravierende Schäden hinterlässt wie das Nervengift Alkohol. Die Grenze für unbedenklichen Alkoholkonsum liegt laut der Weltgesundheitsorganisation (WHO) bei 7g Alkohol am Tag! Zur Erinnerung: 20g Alkohol bedeuten einen halben Liter Bier oder einen Viertel Liter Wein.

Bei deutschen Ärzten gilt als Richtschnur: Wenn ein Mann täglich 60g Alkohol (d.h. z.B. 1,5 Liter Bier) über längere Zeit trinkt, schädigt er mit hoher Wahrscheinlichkeit seine Leber. Selbst 40g stellen schon eine deutliche Gefährdung dar und zwar vor allem für das Gehirn. Diese Richtwerte müssen für Frauen deutlich nach unten gerechnet werden, da der weibliche Körper viel weniger Alkohol verträgt. Bei Frauen gelten schon mehr als 20g täglich als deutlich riskanter Gebrauch.

Natürlich kennt auch jeder von uns Menschen, die bis ins hohe gesunde Alter viel mehr getrunken haben. Das ist ja beim Rauchen auch nicht anders. Jeder hat irgendeinen Onkel, eine Tante, einen Opa oder eine Oma, die exzessiv geraucht oder getrunken und kerngesund ihren neunzigsten Geburtstag gefeiert hat. Das ändert aber nichts an der Tatsache, dass fortwährender Alkoholkonsum den Körper der meisten Menschen von Kopf bis Fuß schädigt. Da dies kein medizinisches Fachbuch ist, nenne ich Ihnen hier nur die wesentlichen und auch bekanntesten körperlichen Folgen.

Gehinschädigungen ▶ Nicht zu sehen, aber doch bald zu merken sind Gedächtnisstörungen, Konzentrationsstörungen, schwerfälligeres Denken, erhöhte Reizbarkeit und schnelleres Ermüden. Diese Gehirnfunktionen erholen sich wieder, wenn kein Alkohol mehr getrunken wird, nach jahrelangem exzessiven Trinken sind die Schädigungen jedoch irreparabel. Dann kann im äußersten Fall ein Aufenthalt in einem Pflegeheim notwendig werden wie der Fall Harald Juhnke zeigt.

Neben den kognitiven Funktionen des Gehirns leiden auch die vegetativen, eine Gangunsicherheit ist z.B. die Folge.

Hautveränderungen ▶ Manchen Menschen ist die Abhängigkeit schon vom Gesicht abzulesen, da regelmäßiger Alkoholkonsum zu Hautrötungen und Aufgedunsenheit führt. Bekannt ist auch die knollenartige Verdickung der Nase, volkstümlich »Säufernase« genannt.

Entzündungen der Magenschleimhaut und Bauchspeicheldrüse ▶ Die am häufigsten gestellte Diagnose bei beginnender oder auch fortgeschrittener Alkoholabhängigkeit ist die Entzündung der Magenschleimhaut. Auch die Bauchspeicheldrüse kann massiv geschädigt werden, bei etwa der Hälfte aller Alkoholiker kommt es zu einer chronischen Entzündung dieses Organs. Die Betroffenen leiden an Magenschmerzen oder vermehrter Übelkeit. Leider werden die Symptome von Allgemeinmedizinern viel zu selten für ein Problemgespräch zum Thema Alkoholkonsum genutzt.

Herzerkrankungen ▶ Durch die Medien geistert immer wieder die These, dass geringfügiger Alkoholkonsum eine Schutzfunktion für das Herz haben soll. Das darf bezweifelt werden, nicht nur weil schwer zu sagen ist, wo geringfügiger Alkoholkonsum aufhört und Alkoholmissbrauch anfängt, sondern auch, weil ein Drittel aller Herzmuskelerkrankungen alkoholbedingt sind.

Lebererkrankungen ▶ Da Alkohol den Fettstoffwechsel beeinträchtigt, ist es die dafür zuständige Leber, die wesentlich geschädigt wird. Hier reichen die Schäden von der Fettleber über die Leberentzündung bis hin zur Zerstörung der Leber, der Leberzirrhose. Die medizinische Faustregel heißt: Schon nach wenigen Wochen starkem Alkoholmissbrauch kann sich eine Fettleber ausbilden, bei einer Leberentzündung liegt ein durchschnittlicher Alkoholmissbrauch von 18 Jahren vor und bei einer Leberzirrhose von 20 bis 25 Jahren.

Ich nenne Ihnen diese Folgen nicht, um Ihnen Angst einzujagen. Aber sich Sorgen zu machen über eine Krankheit, die zum Tode führt, wenn sie nicht zum Stillstand gebracht wird, ist absolut berechtigt und Ihre Sorgen sollten Sie ernst nehmen!

▶ **In der chronischen Phase sind alle Fragen nach den Ursachen der Abhängigkeit hinfällig geworden. Ist es so weit gekommen, ist Abstinenz Voraussetzung, um zunächst einmal die körperlichen Folgen der Droge Alkohol in den Griff zu bekommen.**

Im Vorfeld der chronischen Phase und auch nach dem Erreichen einer stabilen Trockenheit kann es jedoch sehr wohl Sinn machen, nach den Ursachen der Abhängigkeit zu fragen, denn nur so kann man die Gründe für das Weiter- oder Wiedertrinken aufheben.

Die Auseinandersetzung mit den Ursachen der Abhängigkeit können Sie Ihrem Angehörigen nicht abnehmen, Sie können ihn nur darin unterstützen, alles zu tun, was die Auseinandersetzung befördert: von der Selbsthilfegruppe über die Psychotherapie bis zur stationären Entwöhnung (s. das Kapitel »Angebote der Suchthilfe«). In therapeutischen Kontexten werden die Angehörigen oft hinzugezogen, wenn auch häufig nicht in ausreichendem Maße.

Akzeptanz und Mitgefühl

Sie können die verschiedenen Ansätze nutzen, um sich ein vollständigeres Bild von Ihrem Angehörigen zu machen. Vielleicht können Sie auch einige Anregungen für den Umgang mit ihm entdecken, vielleicht ist ja etwas dabei, das Sie noch nicht ausprobiert und bedacht haben. Gerade wenn Sie in einer Sackgasse stecken und nicht wissen, wie es weitergeht, kann die Schlussfolgerung nur sein, nicht so weiter zu machen wie bisher.

Wenn Sie die Diagnose »Alkoholabhängigkeit« akzeptieren, können Sie die Kraft, die Sie in das Verheimlichen, in den vermeintlichen Schutz Ihrer Familie gesteckt haben, zum Ausprobieren neuer Wege nutzen.

Etwas zu akzeptieren, bedeutet nicht nur, sich der Realität zu stellen, sondern auch – und das ist sehr schwer – hinzunehmen, dass Ihr Angehöriger vielleicht nicht so ist und nicht so »funktioniert«, wie Sie bislang gedacht haben.

Zur Akzeptanz gehört auch Mitgefühl und die Bereitschaft, jemanden, in diesen Fall den Trinkenden, so anzunehmen, wie er ist. Auch wenn er aufhört zu trinken, wird aus einem unsicheren und ängstlichen Menschen kein Held. Wenn Stress den Alkoholkonsum in die Höhe treibt, kann der Entzug des »Beruhigungsmittels« ihn ganz unleidlich werden lassen, wenn es ihm nicht gelingt, alternative Entspannungsstrategien zu finden.

Wenn Sie Mitgefühl und Respekt für den Abhängigen nicht mehr aufbringen können und auch keine Hoffnung haben, dass Sie es wiedergewinnen werden, ist eigentlich klar, dass ein Zusammenleben auf Dauer nicht mehr möglich ist. Auch dieser Frage werden Sie sich stellen müssen (siehe das Schlusskapitel »Gehen oder Bleiben?«).

▶ **Vergessen Sie bei allem Verständnis für Ihren Angehörigen nicht das Mitgefühl für sich selbst. Wenn Sie an irgendeinem Punkt in diesem oder dem vorigen Kapitel gedacht haben: »Mensch, warum habe ich das nicht gesehen, hätte ich das doch anders gemacht!«, stellen Sie an sich keine höheren Ansprüche als an Ih-**

ren Angehörigen! Es ist nicht nur für ihn schwer zuzugeben, dass er ein Problem hat.

Vielen Faktoren, die sowohl die Wahrnehmung der Alkoholabhängigkeit als auch die Ablehnung von Alkohol erschweren, sind auch Sie ausgesetzt, schließlich teilen Sie den gleichen kulturellen Hintergrund, in dem Alkohol als soziales »Schmiermittel« akzeptiert und verbreitet ist.

ÜBUNG Nehmen Sie sich mindestens eine halbe Stunde Zeit und suchen Sie sich einen Raum, wo Sie ungestört von Kindern und Telefon für sich sein können. Denken Sie über das Gefühl nach, das Sie derzeit am deutlichsten spüren. Vielleicht ist es Angst, vielleicht Wut, Schmerz, Traurigkeit oder Ratlosigkeit.

Konzentrieren Sie sich auf dieses eine Gefühl. Stellen Sie sich Situationen vor, die es auslösen. Sagen Sie dann deutlich: »Ich habe Angst (Ich bin total traurig/wütend/ratlos) und ich akzeptiere es uneingeschränkt.« Spüren Sie, wo und wie sich Ihr Körper verspannt. Konzentrieren Sie sich auf Ihre Atmung, atmen Sie ein und aus. Ganz tief. Gestatten Sie dem Gefühl, da zu sein, und versuchen Sie nicht, seine Existenz zu verwünschen oder zu bestreiten. Ihr Gefühl kann ein Kompass sein, um herauszufinden, was Sie benötigen. Fühlen Sie es. Atmen Sie weiter. Lassen Sie los. ■

Es schlich sich irgendwie ein – Erikas Erfahrungen

Kein Mensch kann einen anderen retten.
Joyce Carol Oates

ERIKA, 79, 2 KINDER, 3 ENKELKINDER, LEBT ALLEIN MIT 2 KATZEN ■ Kennengelernt hab ich Richard in der Klinik, wo ich als Krankenschwester gearbeitet habe. Ich traf ihn in der Bibliothek und wir hatten einen intensiven Blickkontakt. Ich fand ihn sehr anziehend, er sah sehr gut aus und faszinierte mich. Das erste Treffen war wunderbar, er war eben ein sehr interessanter Mann. Und dann merkte ich, dass ich diesen Mann unbedingt wollte. Kurz darauf war ich schwanger und wir haben im Sommer geheiratet.

In dieser Zeit hat er nicht getrunken. Er hat nur kurz mal seine Krankheit erwähnt, er sei Alkoholiker. Aber ich konnte mir darunter nichts vorstellen. Bei uns zu Hause wurde nur an Feiertagen getrunken, auch mal Wein an Geburtstagen. Im ganzen Bekanntenkreis gab es kein Problem mit Alkohol.

Richard sagte auch, dass er wieder gesund sei und dass das nur eine kurze Episode gewesen sei. Wir haben sogar manchmal zu Hause einen Wein getrunken. Ahnungslos wie ich war, hab ich sogar selbst Wein mitgebracht. Er konnte da auch immer gut aufhören.

Er hat das total bagatellisiert. Das ging eine Weile gut. Dann schlich es sich irgendwie ein. Zwar hab ich erst mal so nichts gemerkt, aber es war immer sehr viel Geld weg. Jeder hatte sein

Konto und Richards war immer leer. Er lebte mehr oder weniger von meinem Geld.

Dann wurde ich wieder schwanger. Als ich das merkte, hörte ich auf zu arbeiten. Wir haben die Wohnung aufgegeben und zogen zurück nach N. Dort war eigentlich noch alles in Ordnung. Wir hatten auch noch mal einen schönen, gemeinsamen Urlaub. Wir haben da auch getrunken, gefeiert, aber er hat immer normal aufgehört zu trinken.

Dann bekam er das Angebot, als Jurist beim Deutschen Gewerkschaftsbund anzufangen, und damit ging eigentlich der Kummer richtig los.

Ich hab mir auf sein Betreiben meine Rentenansprüche auszahlen lassen, obwohl mir alle davon abgeraten haben. Aber er meinte, jetzt komme ja sein Geld und wir bräuchten dringend was, um Möbel zu kaufen; wir hatten ja nichts.

Es war bestimmt auch eine große Belastung für ihn, sein Einstieg dort. Es war ja ein Gebiet, welches er gar nicht kannte, er musste sich da richtig reinarbeiten. Er war sehr ehrgeizig, er wollte jedem die richtige Antwort geben. Anscheinend hat er da schon ab und zu etwas getrunken, was ich aber gar nicht merkte. Er roch ja auch nie nach Alkohol.

Nun hatte er ja diese sehr lockere Art, mit Geld umzugehen und für sich sehr viel auszugeben. Ich bekam sehr, sehr wenig Geld für den Haushalt von ihm und musste auch noch die Raten bezahlen. Ich kannte das nicht von zu Hause. Mein Vater hätte nie etwas gekauft, was er nicht bezahlen konnte. Darüber hat Richard sich immer lustig gemacht. Im Grunde hat er mich da schon total gelinkt. Es war schon irre – das ganze Geld war einfach weg!

Es wurde immer massiver. Eigentlich kam er überall gut an,

weil er sprachlich so talentiert war und sich so super ausdrücken konnte. Aber er fühlte sich den Leuten immer überlegen, auch bei der Arbeit. Vielleicht war er das ja auch. Wenn er nicht so spitz und arrogant gewesen wäre, hätten die ihn total hochgelobt. Aber sein Verhalten wurde immer schwieriger. Er schlaffte ab und bekam zunehmend Konzentrationsschwierigkeiten.

Er verlor immer mehr jedes Interesse an allem. Und er redete dummes Zeug, es war kein Esprit mehr drin. Wir haben uns viel gestritten und es wurde immer schlimmer. Er leugnete alles, obwohl es nicht mehr zu übersehen war, dass er trank. Es war eine starke Veränderung mit ihm, in seinem Wesen. Irgendwann habe ich gesagt, dass ich das nicht mehr mitmache, wenn er nicht aufhören würde.

Als ich dann mit den Kindern vom Spielplatz nach Hause kam, lag er da. Er hatte einen Suizidversuch gemacht, sich demonstrativ den Arm abgebunden und die Pulsadern aufgeschnitten. Unser Hausarzt, dem ich davon erzählt hatte, dass er wohl Alkoholiker sei, den hab ich angerufen und seinen Freund, und wir haben ihn ins Krankenhaus gebracht und dort wurde er zur Entgiftung aufgenommen.

Na, und ich bin am nächsten Tag mit den Kindern zu Fuß – ich hatte ja kein Geld für die Straßenbahn mehr – zu ihm ins Krankenhaus und habe ihm Milch und Bananen gebracht. Der Arzt hat noch ganz ernst mit mir gesprochen und gesagt: »Sie wissen, dass er hier bleiben muss!«

Richard hatte mich aber schon bearbeitet, dass er es nicht aushalten würde und ich ihn rausholen solle. Irgendwie konnte ich verstehen, dass er da nicht bleiben wollte, er war ja wirklich wie ein Strauß unter Enten dort. Also kam er am nächsten Tag sehr geschwächt mit und hat sich dann während unseres Sommerurlaubs ein bisschen erholt. Da wusste niemand von seiner Krankheit, die haben alle gedacht, dass er einen Kreislaufzusammenbruch wegen Überarbeitung hatte.

Eine Weile ging es dann, aber diese Abschnitte, wo er wirklich nüchtern war, wurden immer kürzer. Ich hab immer gemerkt, dass er unruhig wurde, wenn er sein Quantum nicht hatte. Er war dann so ungeduldig mit den Kindern. Ich hab aber nicht gesehen, dass er zu Hause getrunken hat.

Dann hat er seine Arbeit gewechselt, warum weiß ich nicht genau, ich nehme an, dass er nicht mehr tragbar war dort. Das hat er mir natürlich nicht erzählt.

Obwohl er auch bei der neuen Arbeit gut verdiente, hatte ich kaum Geld. Darüber hab ich schon mit ihm gesprochen: »Wo bleibt bloß das ganze Geld?« Er sagte nur: »Für leichte Mädchen gebe ich es nicht aus.« »Tätest du es, dann wüsste ich wenigstens, wo es bleibt!«, habe ich darauf gesagt und es auch wirklich so gemeint. Er fuhr dauernd Taxi hin und her und gab unglaublich viel Geld aus. Er hat wirklich sehr gut verdient, aber es ist nichts übrig geblieben. Andere Kollegen haben Häuser gebaut. Wir hatten nichts!

Ich hab dann alles Mögliche versucht, bin sogar zu Aldi gegangen, Kisten auspacken, um wenigstens etwas Geld für den Haushalt zu haben. Aber überall musste ich ja die Kinder mitnehmen, das ging alles überhaupt nicht.

Einmal war ich mit den Kindern über Ostern in N. und er sollte nachkommen. Aber er kam und kam nicht. Am Telefon merkte ich, dass er total betrunken war, er hat nur dummes Zeug geredet. Ich bin dann mit dem Kleinen zurückgefahren und hatte schreckliche Angst, was wir wohl antreffen würden.

Da stand ein Dutzend Schnapsflaschen neben dem Bett und er lag total besoffen darin. Ich hab diesmal keinen Arzt geholt. Er hat gesagt, er schaffe das alleine. Hat er auch durchgestanden.

Ich musste ihn krankmelden. Dauernd hab ich gelogen und gelogen. Der ganzen Verwandtschaft dauernd irgendwas vorgelogen und vorgespielt: »Er hat es am Magen. Ihm geht es heute nicht so gut. Nein, sonst ist alles in Ordnung. Ach, mal wieder eine Magenverstimmung. Irgendwas ist mit der Galle nicht in Ordnung.« Lauter so ein Zeug. Schrecklich!

Schließlich habe ich wieder angefangen, als Krankenschwester zu arbeiten, erst mal drei Nächte, damit ich wenigstens etwas Haushaltsgeld hatte. Da hatte ich aber schon keine Hoffnung mehr. Wenn ich mal ehrlich zu mir selbst war, wusste ich: »Das wird nicht mehr, das kann nichts mehr werden. Das kann alles nicht mehr gut gehen.«

Aber ich dachte, ich müsste bleiben. Hauptsächlich wegen der Kinder, aber auch für ihn selbst. Ich konnte ihn doch nicht allein lassen! Er hatte ja nur uns. Da hätte ich ihn ja gleich aufhängen können! Wir waren alles, was er hatte. Er hatte doch nur uns. Da war ich nicht in der Lage, rigoros zu sagen: »Ende, aus, Schluss!«

Einmal war ich fast so weit. Er war seit Stunden überfällig und da bin ich mit Eva um den Block, ihn suchen. Es war abends und dunkel und ich hatte schreckliche Angst, was ihm wohl passiert sei. Wir haben ihn aber nicht gefunden. Da hab ich die Kinder ins Bett gebracht und gewartet voller Angst.

Als er kam, strahlte er mich an: »Ach, du bist noch auf?« Er war völlig betrunken und musste sich festhalten, weil er sonst umgekippt wäre.

Da hab ich ihn rechts und links geschlagen. Daraufhin hat

er mich geschüttelt und gegen den Kühlschrank geworfen. Ich hab meinen Mantel genommen und gesagt: »Jetzt ist Schluss!« und bin aus der Wohnung. Allerdings nur bis auf den Speicher, dort hab ich die Nacht verbracht.

Morgens ist er dann zur Arbeit und ich bin runter und hab die Kinder geweckt, die hatten nichts gemerkt. Das war doch schrecklich, dass man sich selbst so furchtbar benommen hat: Man verliert auch seine Würde!

Er ist tatsächlich immer noch zur Arbeit gefahren. Er musste auch immer noch vor Gericht, seine Termine einhalten, das hat er alles noch hingekriegt. Ich begreif nicht, wie er das geschafft hat! Immer gepflegt, kein Mensch sah ihm an, was mit ihm war. Am Abend war er nüchtern und pünktlich zu Hause und machte mir Vorwürfe.

Es war einfach kaputt, alles war kaputt zwischen uns. Da geht die ganze Liebe bei drauf. Der Mensch, den man mal so geliebt hat, den gibt es gar nicht mehr. Dieser Alkohol verändert den Menschen so sehr, das ist unglaublich.

Es hat sich alles so hingeschleppt!

Einmal hab ich gesagt: »Wenn du trinkst, dann trink ich auch!« Da hab ich mir ein Glas Whisky eingegossen und es in einem Zug ausgetrunken. Ich bin davon richtig ohnmächtig geworden, das war furchtbar! Nein, das ist auch keine Lösung, war mir dann klar. Ich hab ja, Gott sei Dank, nicht zu so was tendiert. Sonst weiß ich nicht, ob ich nicht auch angefangen hätte zu trinken. Ich kann das so gut verstehen, wenn eine Frau sich dann auch betrinkt!

Dann kam der Knackpunkt! Ich bekam ein Schreiben von der Bank, dass ich zur Unterschrift für das Darlehen selber noch kommen müsste. Er hatte angegeben, dass wir unseren Speicher ausbauen wollen, aber nicht nur das. Er hatte doch tatsächlich meine Unterschrift gefälscht und meine Lebensversicherung gekündigt! Da hab ich den Rechtsanwalt angerufen und die Scheidung beantragt.

Ich hab für uns drei eine kleine Wohnung gesucht, einen Vollzeitjob angenommen und fast alles bei ihm gelassen. Wir hatten noch nicht mal eine Küche, nur einen Tauchsieder, einen Sessel und ein Sofa.

Es war so wunderbar, allein mit den Kindern, auch ohne Möbel und ohne Küche. Auch mit dem bisschen Geld was wir hatten – wir hatten so viel Spaß zusammen, so viel Freude.

Ich hab auf meinen Unterhalt verzichtet. Für die Kinder hat Richard aber auch keinen bezahlt. Natürlich hätte ich ihn über das Jugendamt einklagen können, aber auch nur eine begrenzte Zeit, und mir fehlte dafür die Kraft. Mir reichte es, dass wir endlich friedlich miteinander leben konnten, die Kinder und ich!

Das war so wunderbar. Uns ging es besser als jemals zuvor! Ich war wie von einer schweren Krankheit genesen! Und ich war frei, so unendlich frei.

Die Kollegen fielen aus allen Wolken, als ich ihnen sagte, dass ich geschieden sei. Es hatte ja keiner was bemerkt, ich hab immer alles gut kaschiert. Nur mit meiner Schwägerin hab ich darüber geredet, sie hat es gewusst und war die einzige, die das verstanden hat. Wenn meine Eltern noch gelebt hätten, hätte ich mich nicht scheiden lassen. Aber die waren schon tot.

Und mit einem guten Freund, der mir in den ganzen Jahren eine große Stütze war, mit dem habe ich viel darüber gesprochen. Er war ja auch Richards Freund und hatte alles miterlebt.

Du liebe Güte, wenn ich davon erzähle, fallen mir jetzt so viele schreckliche Dinge ein, das war alles eine ganz entsetzliche

Zeit. Wie gut, dass ich alles durchgestanden habe. Manchmal hab ich meinem Mann den Tod an den Hals gewünscht, unvorstellbar eigentlich.

Im Grunde war ich nicht sehr überrascht, als die Nachricht von seinem Tod kam. Irgendwie war er ja auch schon früher gestorben.

Als dann später mein Sohn zu trinken anfing, wollte ich das erst nicht wahrhaben. Ich habe mir einen Therapeuten gesucht, weil ich dachte, ich schaffe das alles nicht noch mal. Der Therapeut wollte immer, dass ich Thomas fallen lasse, das fand ich so furchtbar.

Ich hab ihm immer wieder was zu essen gebracht, Bananen und Milch und ihn auch in die Klinik gebracht, wenn er nicht mehr konnte. Hab ihm die Wohnung aufgeräumt. Das solle man nicht, das solle man nicht, hat der Therapeut immer wieder gesagt. Aber es war ja nicht sein Kind!

Ich hatte ja diesen Freund im Hintergrund, der ja auch Richards Freund war und alles miterlebt hatte. Der hat mich bestärkt, der fand das mit dem Fallenlassen auch blöd. Es war so hilfreich, dass er einfach zuhörte, ohne viele Ratschläge zu geben. Er hat mir viel geholfen.

Ich hab Thomas nicht fallengelassen und das war auch gut so. Ich hab mich auch oft bei seiner Arbeit dahintergeklemmt, damit die sehen, es gibt noch jemanden, der hinter ihm steht. Auch beruflich ist er nie fallengelassen worden. Und dann war da ja noch Beate. Dass sie für ihn da ist, das hat ihm letztlich geholfen Und vielleicht auch gerettet. Thomas hat drei Entgiftungen gemacht und eine Langzeittherapie. Er ist jetzt schon so lange trocken, dass das alles nur noch Erinnerung ist.

Das hat alles gereicht für mein Leben, jetzt spielt Alkohol

schon so lange Zeit keine Rolle mehr in meinem Leben. Stattdessen spielen meine Enkelkinder die größte Rolle und natürlich meine Katzen!

Ich lebe so gerne! ■

Ich hab mich immer gefragt, ist sie nun Alkoholikerin oder übertreib ich bloß? – Rolfs Erfahrungen

Zweifel ist der Weisheit Anfang.
Cartesius

ROLF IST 52, SOZIALARBEITER, LEBT MIT EINER LEHRERIN, IHREM KLEINEN SOHN UND SEINEM SOHN, 16, ZUSAMMEN. DIE TOCHTER, 19, LEBT BEI DER MUTTER, DIE SEIT 7 JAHREN TROCKEN IST. ■ Als Christine und ich uns kennenlernten, war ich 27 und sie war 31. Zu diesem Zeitpunkt kannte ich das gar nicht, regelmäßig Alkohol zu trinken. Ich hatte auch nie welchen zu Hause. Ich weiß noch, dass ich von einem Freund mal 4 oder 5 Flaschen Wein hatte, die bestimmt schon ein halbes Jahr bei mir rumstanden. Als ich dann mit Christine zusammen war, waren die Flaschen dann innerhalb einer Woche weg. Das hat mich ziemlich gewundert.

Als wir gerade ein paar Wochen oder Monate zusammen waren, hab ich mir schon mal Sorgen gemacht wegen des regelmäßigen Trinkens und sie auch darauf angesprochen, ob sie vielleicht Alkoholikerin sei. Daraufhin hat sie mir erklärt, dass sich ihr erster Mann – sie war noch nicht lange geschieden – deshalb auch schon mal Sorgen gemacht hätte. Er habe deshalb ihren Vorgesetzten, also den Leiter der Suchtabteilung, angesprochen. Der habe nur gelacht und gesagt, er solle einfach mal ein paar Wochen auf der Station arbeiten, dann wüsste er, was ein Alkoholiker sei! Das hat mich dann beruhigt, da war ich erst mal geheilt von meiner komischen Idee. Das waren ja Profis, die mussten es ja wissen. Und ich war ja auch sehr verliebt.

Nach einer Weile kamen die Kinder, erst Paula, dazwischen hatte sie noch eine Fehlgeburt und dann kam Paul. Unsere Beziehung war gut, die Liebe hat uns sehr getragen.

Was das Trinken betraf, habe ich mich immer mehr angepasst und es wurde Gewohnheit, regelmäßig zu trinken. Andere Sachen waren aber einfach im Vordergrund und viel wichtiger, vor allem die Kinder natürlich.

Aber irgendwann ging es damit los, dass ich, wenn ich vom Frühdienst kam, manchmal dachte, sie hätte eine Fahne. Wenn ich sie darauf angesprochen habe, hat sie das vehement abgestritten und ich war unsicher, ob ich nicht doch spinne. Das ging bestimmt mehr als zwei Jahre so und ich hab auch mit niemandem darüber gesprochen. Immer wieder hatten wir deswegen Zoff und immer wieder hab ich ihr geglaubt. Schließlich haben wir zunehmend deshalb immer mehr Probleme bekommen und sind dann zu einer Paartherapie gegangen.

Die Therapeutin war nicht schlecht, sie sagte, als ich das ansprach, sie könne das nicht beurteilen, da müssten wir zu einer Suchtberatungsstelle. Christine warf mir vor, dass ich das Thema angeschnitten hatte: »Wie kannst du mich so verraten?«

Dann kam die Situation, die ich als Tiefpunkt bezeichnen würde, jedenfalls als meinen. Ich hatte Nachtdienst und Paula rief mich an, sie war da sieben Jahre. Sie wüsste nicht, was sie machen solle, die Mama läge da so und würde nichts mehr machen, sie hätte Angst. Ich hab eine Vertretung organisiert und bin nach Hause gerast. Den Anblick werd ich nie vergessen, die beiden Kleinen draußen im Regen und Christine lag auf dem Sofa. Ich hab dann den Notarzt angerufen und der hat weiter nix gemacht, sondern mich freundlich darauf hingewiesen, dass meine Frau betrunken sei.

Da war der Beweis erbracht, dass sie nicht richtig für die Kinder sorgen kann. Das hat mir einen unheimlichen Schock versetzt, weil ich mich ja auf sie nicht mehr verlassen konnte mit den Kindern und mit allem anderen. Das hat für ungeheure Auseinandersetzungen gesorgt.

Wenn ich an alles zurückdenke, kommt es mir wie ein schlechter Film vor und ich kann gar nicht glauben, dass ich einer der Hauptdarsteller war!

Was ich alles getan habe! Einmal hab ich mir gesagt, jetzt trink ich einfach mal genauso viel wie sie. Ich hab gedacht, das würde sie total stören und dann würde sie begreifen, dass es nicht in Ordnung ist, wie sie trinkt. Im Gegenteil, das hat ihr gefallen, aber mir war das definitiv zu viel und dann hab ich es wieder gelassen.

Diese Szenen, als ich wie ein Verrückter nach Flaschen gesucht und überall welche gefunden habe! Normalerweise würde ich nie in ihre Schränke gucken, aber da hatte es mich total gepackt! Schon beim ersten Durchgang habe ich bestimmt 15 Flaschen gefunden! Und wo überall! Im Keller. Im Rucksack. In Plastiktüten. Und auch harte Sachen – Gin, Whisky, alles Mögliche. Sagenhaft.

Nach einer Auseinandersetzung hat sie sich so über mich aufgeregt, dass sie sagte, sie hielte es nicht mehr aus mit mir und führe jetzt zu ihrer Mutter. Da ist sie von der Polizei angehalten worden, weil sie vor einer grünen Ampel stand und bei Rot losgefahren ist. Man hat sie gefragt, ob sie was getrunken habe, was sie verneint hat. Die Polizisten haben sie dann mitgenommen ins Krankenhaus und dort stellte sich heraus, dass sie 3,4 Promille hatte! Als man sie nach Hause brachte, hat sie immer noch alles abgestritten. Einen Piccolo, mehr nicht!

Diese Geschichte hat dann den letzten Zweifel beseitigt. Ich hab mich ja immer noch gefragt, ist sie nun Alkoholikerin oder übertreib ich bloß? Nun war mir auch klar, dass sie keinerlei Verantwortung für die Kinder übernehmen könne. Da hab ich ihr gesagt, dass ich mich trennen und die Kinder mitnehmen würde.

Das war die schlimmste Zeit, weil Paul, der war da ja erst vier, unbedingt bei Mama bleiben wollte. Aber ich konnte doch nicht die Paula mitnehmen und den Kleinen bei ihr lassen!

Ich hab dann das alleinige Sorgerecht beantragt und da ging es natürlich los, weil ich Zeugen benennen musste für das Gericht.

Freunde, die plötzlich doch was bemerkt hatten. Andere, die es immer noch leugneten. Das ist schon unglaublich, wer alles was gewusst haben will. Und vorher hat nie irgendjemand auch nur ein Wort gesagt! Im Kindergarten und in der Schule hieß es: »Ja, irgendwie haben wir das ja schon die ganze Zeit gesehen, das da was nicht stimmt mit Ihrer Frau.« Die Kindergartenleiterin, eine ganz taffe Frau, war total betroffen, weil ihre Mutter auch Alkoholikerin war. Sie hatte sich die ganze Zeit schon überlegt, ob sie mich mal ansprechen sollte. Von ihr habe ich die meiste Unterstützung bekommen, sie hat mir auch geholfen, schnell eine Wohnung zu finden, weil sie so viele Leute kannte. In dem Kindergarten waren ja einige gut verdienende Leute mit Häusern und so und da ging das plötzlich ganz schnell.

Irgendwie brach das alles wie eine Welle über mich herein.

Mein ganzes Weltbild ist zusammengebrochen. Ich hab ja nicht geheiratet und Kinder bekommen, um mich zu trennen. Das war alles ungeheuer schmerzlich. Das schmerzt auch heute noch, obwohl es so lange her ist. Christine hat mich regelrecht gehasst dafür, dass ich diesen Schritt gemacht hab, dafür, dass ich ihr Trinken öffentlich gemacht hab, für alles. Sie hat mich immer als »Lügner« und »Denunziant« bezeichnet!

Bis heute kann ich mit ihr über dieses Thema nicht sprechen. Ist immer noch Tabu – eigentlich bin ich Schuld daran, dass sie getrunken hat. Und bis heute frage ich mich noch manchmal, was wäre wohl gewesen, wenn ich geblieben wäre?

Es hat nach der Trennung bestimmt noch zwei Jahre gedauert, bis sie endlich was getan hat. Sie hat zwei Entgiftungen in einem normalen Krankenhaus gemacht, die nichts gebracht haben, sie hat sogar währenddessen getrunken, aber nach der dritten Entgiftung hat sie eine Langzeittherapie gemacht und die hat ihr sehr geholfen, danach ist sie nüchtern geworden. Sie hat dann eine Ausbildung gemacht als Altenpflegerin und arbeitet auch in diesem Beruf. Sie ist jetzt seit sieben Jahren trocken.

Ich bin ein Jahr nach unserer Trennung mit den Kindern in eine andere Stadt gezogen. Das war für sie ganz schön schwer, vor allem für Paul, der sehr an seiner Mutter hing und das alles sowieso nicht verstand.

Mir hat der Weggang geholfen. Ich hab eine neue Beziehung angefangen, die zwar auch nicht gehalten hat, aber die erst mal gut war für mich. In einem neuen Umfeld habe ich alles neu gefunden, neue Arbeit, neue Wohnung, neue Freunde. Ich hab zwei ganz wichtige Männerfreundschaften gefunden, die mir sehr gut getan haben, eine Therapieausbildung gemacht und begleitend eine eigene Therapie, die mich auch sehr gestützt hat.

Das alte System ist richtig auseinandergekracht! Alle alten gemeinsamen Freunde aus der Ehe sind nicht geblieben. Es war aber ja auch alles auf Lügen aufgebaut.

Hab ihr das alles gesagt, sie hat das negiert.

Wieso sie Alkoholikerin geworden ist, weiß ich bis heute nicht, ist eben so gekommen.

In meinen neuen Beziehungen hat Alkohol keine Rolle mehr gespielt.

Allerdings mache ich mir manchmal Sorgen um meine Kinder, immer wieder. In der Pubertät haben beide ganz schön viel ausprobiert, das war mir oft unheimlich. Wir haben immer miteinander darüber geredet, aber sie sehen das nicht so und zur Zeit ist das auch kein Problem. Ich möchte das auch nie mehr in meinem Leben haben! ■

Das Geschehen in einer Suchtfamilie

Das Beunruhigende am Leben mit einem Alkoholiker ist aber, dass es nicht immer ein schlechtes ist.
Bill Clinton

Erika ist heute 79, sie war zwölf Jahre mit Richard verheiratet und fast so lange dauerte auch ihr Kampf gegen den Alkohol und um Richard. Obwohl sein Suchtproblem wegen des Geldmangels – ein typisches Phänomen – so sichtbar ist, hat sie sehr lange versucht, sich zu arrangieren, selbst als sie das Gefühl hatte, die Achtung vor ihrem Mann und auch vor sich selbst verloren zu haben. Rolf war etwas schneller, aber auch er hat vier Jahre gebraucht, bis er sich sicher war, dass Christine Alkoholikerin war und er keinesfalls übertrieb. Ich selbst war zwanzig Jahre verheiratet und habe davon bestimmt zehn Jahre mit Leugnen, Bagatellisieren und Hoffen zugebracht.

Akzeptieren, dass eine Situation unerträglich geworden ist, ist nicht leicht. Nicht nur die Alkoholabhängigkeit entwickelt sich schleichend, auch die Angehörigen richten sich nach und nach mit der Sucht ein. Hallmeier hat drei Phasen beschrieben, die das Geschehen in einer Suchtfamilie sehr gut verdeutlichen. Sie werden vieles aus den beiden Erfahrungsberichten darin wiederfinden.

1. Phase: Beschützen und Erklären

In dieser Phase bekommt der Abhängige immer mehr Schwierigkeiten mit seinem Alkohol-Konsum. Zwar ist die Partnerin genervt, aber durchaus bereit, den Erklärungen des Partners zu glauben. Sie selbst liefert auch genug davon. Sei es der schlimme Chef, die anstrengende Arbeit, diese besonders schwierige Lebensphase, weil die Kinder noch so klein sind oder immer noch keine da sind, sei es weil der Hausbau alle Kräfte in Anspruch nimmt oder die Mietwohnung renoviert wird. Es gibt jede Menge gute Gründe, Alkohol zu trinken, manchmal auch zu viel zu trinken. All diese Entschuldigungen sind für beide immens wichtig, sich selbst und auch der Umwelt plausibel zu machen, dass alles in Ordnung ist.

Beide, der Abhängige und seine Partnerin, leugnen und bagatellisieren den Konsum. Eine sehr menschliche Regung, die auch kein krankhaftes Verhalten darstellt, sondern von allen Menschen ab und zu benutzt wird, um in der Familie Konfrontationen zu vermeiden bzw. Angehörige nach außen hin zu schützen, gegenüber der weiteren Familie, den Kollegen oder auch den Nachbarn. Man macht sich selbst und anderen etwas vor, beteuert, dass eigentlich alles in Ordnung sei.

Die Zeit vergeht, manchmal Jahre, und ohne dass sie einen klaren Übergang bemerkt, ist die Familie längst in der zweiten Phase angekommen.

2. Phase: Kontrollieren

Genau wie der Abhängige verzweifelt versucht, seinen Alkoholkonsum zu kontrollieren, versucht dies auch die Partnerin. Das

Gleiche gilt natürlich, wenn die Frau trinkt, im Folgenden wird der Klarheit halber jedoch diese Perspektive beibehalten, bei der der Mann trinkt.

Profis bezeichnen die Familie nun als »trinkzentriert«. Alkohol nimmt immer mehr Raum im Denken und Handeln der Menschen ein. Je mehr der Abhängige trinkt, um so mehr glaubt die Partnerin, versagt zu haben. Das eigene Selbstwertgefühl hängt vom Trinken des Partners ab: Trinkt er viel, ist der Selbstwert niedrig und alle Hoffnungen liegen am Boden. Also versucht die Partnerin, das Unmögliche zu schaffen: das Trinken des Abhängigen zu kontrollieren und es in den Griff zu bekommen. Dies versucht allerdings der Abhängige auch schon seit längerem und es gelingt ihm genauso wenig.

Ein klassischer Kontrollmechanismus, den fast alle Angehörigen kennen, ist das Suchen und Wegschütten von alkoholischen Getränken.

Weitere Kontrollmechanismen sind:

- Die Übernahme der Haushaltsfinanzen, um u. a. den Einkauf alkoholischer Getränke zu überwachen;
- der Einkauf von alkoholischen Getränken, um die Menge zu kontrollieren;
- das Streichen von sozialen Veranstaltungen, um Verführungssituationen zu verhindern.

Alle diese Versuche scheinen der Partnerin in dieser Phase logisch zu sein, nur einem Außenstehenden ist das Irrwitzige des Verhaltens deutlich. Allerdings sind die Außenkontakte in dieser Zeit meist schon weniger geworden; nicht nur das Vermeiden von Situationen und Kontakten, die zu Alkoholkonsum verleiten könnten, führt zum sozialen Rückzug der Familie, auch die Scham, dass jemand, den man einlädt oder trifft, merkt, wie belastet alle sind. Gleichzeitig schwinden das Interesse und die Kraft zu sozialen Kontakten, weil das Leben so mühsam geworden ist. So dreht sich die Spirale unaufhörlich weiter nach unten.

Mittlerweile haben alle Familienmitglieder, auch die Kinder, gut gelernt, ihre Gefühle zu leugnen, und in der Folge nehmen sie diese immer weniger wahr.

Die Wut auf den Partner allerdings wächst spürbar, wenn die Kontrolle fehlschlägt. Und sie schlägt unweigerlich fehl. In Therapiegruppen gibt es viel Gelächter, wenn Angehörige sich gegenseitig erzählen, wo sie überall Flaschen gefunden haben:

- »In den Winterstiefeln der Kinder! «
- »Im Geräteschuppen im Werkzeugkasten!«
- »Im Keller hinter dem Wäschekorb!«
- »Im Bücherregal hinter den Büchern!«

Hört man genau hin, hört man das Entsetzen, das in dem Lachen mitschwingt.

Allmählich dreht die Partnerin den Spieß um. Sie beginnt, ihre Wut, ihre Versagensgefühle und ihre Enttäuschung auf den Abhängigen abzuladen. Wieder ein Spiegelbild zum Abhängigen, der schon lange seine Schuld- und Versagensgefühle der Partnerin zum Vorwurf macht. Mittlerweile herrscht in der Familie eine Atmosphäre permanenter Anspannung, Bitterkeit, gegenseitigen Misstrauens, latenter oder offener Depression. Dies leitet die dritte Phase ein.

3. Phase: Anklagen

In dieser Phase ist aus Sicht der Familie der Abhängige die Ursache sämtlicher Schwierigkeiten. Haben vorher die Angehörigen die Schuld bei sich oder bei äußeren Umständen gesucht, ist jetzt der Abhängige der Sündenbock für all das Leid, das die Familie erlebt.

Allerdings hat die Partnerin mittlerweile viel dazugelernt. Sie ist selbstständiger geworden, trifft viele Entscheidungen inzwischen ohne ihren Partner, vielleicht hat sie einen zusätzlichen Job angenommen, da das Geld immer knapper wird. Auf jeden Fall hat sie das meiste an Verantwortung für die Familie übernommen: dass die Kinder rechtzeitig in der Schule sind und ihre Hausaufgaben machen, die Geburtstage von Oma und Opa nicht vergessen werden, der Klempner kommt, die Miete rechtzeitig überwiesen wird. Ihr Argument: »Irgendeiner muss es ja machen, sonst gehen wir alle vor die Hunde!«

In der Regel kommt es erst in dieser Phase zum Kontakt mit dem professionellen Suchthilfesystem: Beratungsstelle, Entgiftung, Langzeittherapie, Nachsorge (siehe das Kapitel »Angebote der Suchthilfe«). Da ist es nicht verwunderlich, dass bei den Suchtprofis das Bild der dominanten Alkoholiker-Ehefrau entstanden ist. Daran gewöhnt, alles in die Hand zu nehmen, wirkt sie bestimmend, tüchtig, selbstherrlich. Dass sich hinter dieser Fassade ein verzweifelter Mensch verbirgt, der schon lange nicht mehr weiter weiß und mit seiner Kraft am Ende ist, wird oft nicht wahrgenommen.

Alle drei Phasen sind keineswegs zeitlich beschränkt; sie gehen immer wieder ineinander über und wiederholen sich.

Unausgesprochene Regeln

Die Dynamik des familiären Geschehens erschließt sich, wenn man sich die Familie als Mobile vorstellt. Danach pendelt sich das Mobile immer wieder auf das trinkende Familienmitglied ein, und damit es dies tun kann, sind Regeln notwendig, die so oder ähnlich bei den meisten Alkoholikerfamilien beobachtet werden. Diese Regeln stehen nirgendwo geschrieben, sie wurden nicht ausgesprochen, sie entwickeln sich im Laufe der Zeit.

Die unausgesprochenen Regeln sind folgende:

Der Alkohol wird meist nicht als die eigentliche Ursache des Familienproblems gesehen. ▶ Sowohl der Abhängige als auch seine Familie verneinen, dass er Alkohol missbraucht. Später verneinen alle, dass er abhängig ist. Wenn das Problem sichtbarer und größer wird, gibt es viele Gründe, warum es Schwierigkeiten gibt.

Irgendwer oder irgendwas ist schuld an dem Alkoholkonsum. ▶ Auch hier stimmen der Abhängige und seine Familie überein. Vielleicht ist es der Chef, die Kinder, die Arbeitskollegen, die schwere Kindheit oder eben seine Frau.

Der Alkoholkonsum ist das Wichtigste im Familienleben. ▶ Würde diese Regel laut ausgesprochen, würde sie jedes Familienmitglied als komplett blödsinnig erklären. Betrachtet man allerdings die Familie von außen, wird es deutlich, dass die Regel tatsächlich das Familienleben bestimmt.

Der Abhängige ist versessen darauf, seinen Bedarf zu beschaffen und zu sichern. Die Familie ist darauf abgerichtet, dies zu boykottieren durch die aufwendigen Kontrollmechanismen. Der Alkoholiker versteckt die Flaschen. Die Familie sucht sie und schüttet sie aus. Er lagert den Alkohol und legt sich Vorräte an, welche wiederum von der Familie aufgespürt werden. Es ist wie beim Fußball – jeder will den Ball haben, gespielt wird jeweils in die andere Richtung.

Der Jetzt-Zustand muss erhalten bleiben, koste es, was es wolle. ▶ Es darf nichts verändert werden, denn jeder hat Angst vor einer noch größeren Katastrophe und hält deshalb angestrengt und verbissen an dem Ist-Zustand fest. Dies macht es auch so schwer, rechtzeitig Hilfe in Anspruch zu nehmen. Die Familie hält – bei allem Leid – wie Pech und Schwefel zusammen. (Sollte Ihnen diese Regel bekannt vorkommen, lassen Sie mich hier schon sagen, dass es leider nicht funktioniert – die Situation wird sich in jedem Fall unaufhaltsam verschlimmern, wenn Sie nichts tun.)

Niemand redet darüber, was in der Familie wirklich geschieht. ▶ Selbst untereinander wird nicht klar über das Alkoholproblem gesprochen. Vor allem der Alkoholiker fühlt sich bedroht und versucht angestrengt zu vermeiden, dass außerhalb der Familie Leute wahrnehmen könnten, dass etwas nicht in Ordnung ist. Hierbei wird er unterstützt von der Partnerin, die ebenfalls unter allen Umständen verbergen will, was in der Familie los ist, weil es als so beschämend und peinlich empfunden wird. Nicht einmal die Kinder, die die Streitereien ihrer Eltern hautnah miterleben, sprechen untereinander über ihr Erleben.

Niemand sagt, was er wirklich fühlt. ▶ Diese Regel haben alle in der Familie tief verinnerlicht und sind daran gewöhnt, sie strikt einzuhalten.

Der Alkoholiker ist mit seiner seelischen Pein so beansprucht, dass er die schmerzlichen Gefühle seiner Familie nicht wahrnehmen, geschweige denn damit umgehen kann. Das macht für ihn alles noch schlimmer. So fordert er direkt oder indirekt, dass jedes Familienmitglied seine Gefühle leugnet. Es wird kaum noch richtig miteinander gesprochen, der Abhängige hat sozusagen alle mit seinem Verhalten infiziert. Die unausgesprochenen Regeln lassen die Grenzen zwischen dem Alkoholiker und seinen Angehörigen diffus und verschwommen erscheinen. Sie verhindern, dass die Familienmitglieder ein klares

Bild von sich selbst und ihrer Situation bekommen. Das Tragische ist, je länger man übt, seine schmerzlichen Gefühle zu leugnen, desto weniger spürt man sie, desto mehr verliert man den Kontakt zu sich selbst und den eigenen Bedürfnissen. Und: Man verliert auch den Kontakt untereinander. Wenn das Alkoholproblem und die Gefühle, die damit verbunden sind, nicht ausgesprochen werden, nimmt die Vereinsamung jedes Familienmitgliedes zu.

Reaktion der Kinder

Besonders betroffen von diesem Verhalten sind die Kinder. Wohl alle Eltern in einer solchen Situation machen sich die Hoffnung, dass ihre Kinder nicht merken, was zu Hause geschieht. Das ist eigentlich immer eine Illusion. Und wenn es Ihnen gelingt, den erforderlichen Mut aufzubringen und sich bewusst machen, was bei Ihnen passiert, dann wissen auch Sie, dass Ihre Kinder sehr wohl mitbekommen, was geschieht.

Sie sagen oft nichts, aber wenn Sie nicht darüber sprechen, wissen sie auch nicht, dass es in Ordnung wäre, Gefühle zu zeigen.

Es ist ziemlich schnell klar, dass Kinder in einer Suchtfamilie gravierenden Nachteilen ausgesetzt sind, wenn Sie sich vergegenwärtigen, was Kinder zu einem gesunden Aufwachsen benötigen. Kinder brauchen:

- seelische Sicherheit;
- Anerkennung und Bestätigung;
- Freiraum und Beständigkeit;
- Vorbilder;
- Bewegung und richtige Ernährung;

- Freunde und eine verständnisvolle Umwelt;
- Träume und Lebensziele.

Tatsächlich aber sieht das Leben in einer Suchtfamilie ganz anders aus. Die Regeln heißen verkürzt:

- Rede nicht!
- Traue nicht!
- Fühle nicht!

Die belastenden Gefühle, die damit verbunden sind und die die Kinder früh lernen zu unterdrücken, sind: Angst, Wut, Trauer, Scham, Schuld, Verzweiflung und Ratlosigkeit.

Besonders schwer auszuhalten sind die Wechselbäder entgegengesetzter Gefühle:

Kinder haben Sehnsucht nach der Anwesenheit des alkoholkranken Elternteils und gleichzeitig Angst vor seinem Erscheinen. Sie hegen immer wieder Hoffnung auf Besserung und erfahren immer wieder die Zwecklosigkeit ihres Hoffens. Sie werden mit Liebe überschüttet und verwöhnt, um kurz darauf drakonisch für Nichtigkeiten bestraft zu werden. Sie werden durch den Vater bedroht und durch die Mutter verzärtelt. Sie leiden unter dem autoritären Gehabe in trockenen Phasen und und schämen sich für den Verlust von Autorität und Würde in nassen. Sie sind wütend auf den trinkenden Elternteil und haben gleichzeitig Mitleid, weil sie die große Not hinter allem erkennen können.

Gehen Sie davon aus, dass Ihre Kinder Bescheid wissen über die Stellung von »König Alkohol« in Ihrer Familie. Und nicht nur das. Sie versuchen sogar, die Situation zu ändern. Je nach Temperament und Stellung in der Familie versuchen Kinder der belastenden Familiensituation entweder durch aktives Handeln, Rebellion, inneren Rückzug oder spaßige Ablenkung zu begegnen. Von Sharon Wegscheider stammt die Unterscheidung der kindlichen Reaktionsmuster in vier Rollen:

- der Held bzw. die Heldin;
- der Sündenbock;
- das verlorene Kind;
- das Maskottchen.

Der Held ▶ ist in der Regel das erstgeborene Kind, das versucht, alles richtig zu machen. Der Held bekommt durch seine frühe Selbstständigkeit viel Aufmerksamkeit und Anerkennung. Vor den negativen Gefühlen von Angst, Wut und Hilflosigkeit schützen Helden sich durch aktives Handeln. Die Familie kann stolz auf ihn sein. Häufig glänzt er durch hervorragende Leistungen in der Schule. Dadurch wird auch seine Familie aufgewertet. Kinder in der Heldenrolle sind früh darauf trainiert, sich auf sich selbst zu verlassen und Dinge selbst in die Hand zu nehmen.

Der Sündenbock ▶ ist die Rolle, in die das zweitgeborene Kind oft schlüpft. Durch Rebellion und Auflehnung zwingt es die Eltern, sich mit ihm zu beschäftigen. Sein großer »Vorteil« ist, dass es mit seinem Verhalten vom eigentlichen Familienproblem ablenkt – dem Alkoholmissbrauch. Ein tatsächlicher Vorteil kann sein, dass dadurch die Familie in den Blick von professionellen Helfern gerät. Wenn diese kompetent sind, kommt auch das tatsächliche Familienproblem zur Sprache.

Das verlorene Kind ▶ neigt dazu, sich in seine eigene Welt zurückzuziehen. Es beschäftigt sich selbst, eckt nicht an, ist unauffällig und geht Konflikten soweit wie möglich aus dem Weg. So schützt es sich vor den unkontrollierten Reaktionen seiner Eltern. Diese Kinder erhalten kaum Aufmerksamkeit und wenig Anerkennung, sie werden höchstens für ihr Bravsein und Stillhalten gelobt.

Das Maskottchen ▶ ist die typische Rolle des jüngsten Kindes. Es gibt sich gern aufgeschlossen und fröhlich. Dadurch scheint es so, als wenn die Familie doch insgesamt in Ordnung ist. Oft erhält dieses Kind aufgrund seines Alters kaum Informationen darüber, was »eigentlich los ist«. Da Kinder aber sehr feinfühlig sind, merkt auch dieses beschützte Kind, dass irgendwas ganz und gar nicht stimmt und hat häufig Angst, ohne zu wissen, wovor eigentlich. Über dieses Kind wird viel gelacht, geschimpft und erzählt. Auf diese Weise bringt es Freude und Humor in die Familie und lenkt ab von den gravierenden Sorgen.

Diese Rollenmuster werden sich selten direkt auf eine Familie übertragen lassen, nicht nur, wenn es mehr oder weniger als vier Kinder sind. Rollen werden getauscht, aufgegeben und gewechselt, wenn die Familiensituation sich verändert, z.B. der »Held« die Familie verlässt und zum Studium in eine andere Stadt zieht.

Ein Einzelkind nimmt in der Regel verschiedene Rollen ein, auch wenn es abhängig von persönlicher Veranlagung eine bevorzugt übernehmen wird. Dies kann auch aus familiärer Notwendigkeit geschehen: Liegt der Haushalt brach, wird nicht eingekauft, gekocht und geputzt, werden Töchter besonders schnell zu Heldinnen des Alltags.

Schutzfaktoren der Kinder

Diese frühe Selbstständigkeit wird mit dem Verlust der Kindheit hoch bezahlt, ist aber nicht nur ein Nachteil, sondern auch eine

Fähigkeit, die dem Kind im späteren Leben nutzt. Wie bei allem in unserem Leben, hat auch das Aufwachsen in einer Familie mit Alkoholismus verschiedene Seiten. Zum Glück untersucht die Forschung mittlerweile auch die Aspekte, die es Kindern ermöglicht, einigermaßen unbeschadet dem Chaos zu entrinnen und als Erwachsene ein sinnerfülltes und zufriedenes Leben zu führen (siehe z.B. Zobel 2008, S. 52).

Hilfreiche Bedingungen für Kinder sind:

- **eine emotional stabile Beziehung zum nichtabhängigen Elternteil;**
- **keine weiteren psychischen Störungen bei den Eltern;**
- **eine angemessene elterliche Aufsicht;**
- **längere Abstinenzphasen des Abhängigen;**
- **wenige oder keine weiteren abhängigen Verwandten.**

Es ist auch aus anderen Zusammenhängen bekannt, dass Kinder in sehr belasteten Familien aufwachsen und trotzdem später ein »normales« Leben führen können, wenn sie selbst:

- ihre Talente nutzen können;
- gut in der Schule sind;
- ein spezielles Hobby zusammen mit Freunden ausüben;
- mindestens eine nahe Freundin oder einen nahen Freund haben.

Die anderen Forschungsergebnisse an dieser Stelle nicht zu benennen, hieße aber, zentrale Erkenntnisse zu leugnen und dies ist ja etwas, was unbedingt aufgegeben werden muss: das Leugnen der Realität.

Das Aufwachsen in einer Suchtfamilie aktiviert natürlich nicht nur die Schutzfaktoren, sondern auch die Risikofaktoren.

Häufig führen gerade die »Nebenwirkungen« der Alkoholkrankheit, z.B. der Rückzug und die Isolation der Familie dazu, dass Kinder nur eingeschränkt in der Lage sind, einen gesunden Kontakt zu ihrer sozialen Umwelt zu halten. In einer Studie zum Thema »Kinder von Suchtkranken« benennt Michael KLEIN (2005) folgende Auswirkungen des elterlichen Alkoholismus auf die Kinder:

- Hyperaktivität und Verhaltensauffälligkeiten;
- Schuleschwänzen;
- Alkohol- und Drogenkonsum;
- Kriminalität;
- Interaktionsprobleme;
- körperliche Probleme;
- Misshandlung, Missbrauch und Vernachlässigung;
- Angst und Depressionen.

Die bedrohlichste Erkenntnis aus vielen Studien ist aber, dass Alkoholabhängige auffällig häufig aus Familien stammen, in denen mindestens ein Elternteil alkoholkrank war. Vor allem Söhne von Alkoholabhängigen reagieren als junge Erwachsene anders auf Alkohol als Vergleichspersonen. So nehmen sie die berauschenden Effekte des Alkohols erst bei höherer Konzentration wahr – sie müssen also einiges mehr trinken, um den gleichen berauschenden Effekt zu spüren wie ihre Altersgenossen aus nicht belasteten Familien. Auch die danach einsetzenden negativen Effekte, gut bekannt als »Kater«, spüren sie nicht so deutlich, wie bei den biologischen Ursachen beschrieben.

Außerdem wurde für Söhne von Alkoholabhängigen nachgewiesen, dass ihr Stresserleben durch Alkohol deutlich geringer ist als das von Vergleichspersonen mit nicht abhängigen Eltern. Die Ersteren erleben Alkoholkonsum also besonders positiv, vertragen gleichzeitig mehr und sind damit besonders gefährdet.

All dies sind statistische Werte und sagen nichts über die konkreten Risikofaktoren Ihrer Kinder aus. Meine beiden Söhne z.B. vertragen Alkohol nicht besonders gut. Sie können sich bestimmt vorstellen, wie erleichtert ich war, dass ihr erster »Kater« ein ausgewachsener war. Erika hatte weniger Glück. Ihr Sohn Thomas wurde ebenfalls alkoholkrank, hat seine Sucht aber erfolgreich überwunden. Seine Schwester Eva hat kein Problem mit Alkohol und ist auch nicht mit einem Alkoholiker verheiratet, auch die Kinder von Rolf scheinen auf einem guten Weg zu sein. Vor allen Dingen sprechen sie miteinander über ihre Probierphase und das ist vielleicht das wichtigste: Alkohol zum Thema zu machen. Meine beiden Söhne jedenfalls sagen, dass es ihnen viel geholfen hat, dass wir immer wieder miteinander gesprochen haben, über den Vater, über ihre Gefühle und über die Situation zu Hause.

Insgesamt ist festzustellen, dass für Kinder von Alkoholkranken das Risiko einer psychosozialen Schädigung nicht von der Hand zu weisen ist. Auch wenn ein Teil der Kinder eine unauffällige Entwicklung nimmt, ist wenigstens ein Drittel stark beeinträchtigt.

Knackpunkte

Die Verantwortung für die Kinder ist nicht selten ein Argument für das Bleiben wie für das Gehen. Als Rolf den Anruf von seiner Tochter bekommt, die Angst um ihre betrunkene Mutter hat, ist für ihn klar, dass eine Trennung unausweichlich geworden ist. Erikas Knackpunkt war die Fälschung ihrer Unterschrift für einen Kredit. Das mangelnde Haushaltsgeld, die Sorge um die materielle Existenz ihrer Familie, haben sie neben dem schleichenden Vertrauensverlust, den auch Rolf beschreibt, gezwungen, Konsequenzen zu ziehen.

Ein weiterer gravierender Einschnitt ist das Auftreten von Gewalt. Da Alkohol die Aggressionshemmungen herabsetzt, sind Übergriffe in Suchtfamilien leider keine Seltenheit.

Gewalt in der Familie

Die Zahlen für Gewaltdelikte unter Alkoholeinfluss sprechen Bände. Sie sind seit Jahren einigermaßen konstant. Jährlich gehen etwa 800 Totschlagdelikte und 20.000 schwere Körperverletzungen auf dieses Konto. Unter diesem Blickwinkel betrachtet, kann die Familie für Frauen und Kinder ein wahrlich gefährlicher Lebensort sein!

Beispiel: Der junge Mann riss die Tür auf. Die Mutter lag am Boden, der Stiefvater stand über ihr, eine Schere in der Hand. Furchtlos und entschlossen warf der Sohn sich vor die Bedrohte und seinen kleinen Halbbruder, der ihn um Hilfe gerufen hatte. »Du wirst ihnen nie mehr weh tun«, schrie er seinen Stiefvater an: »Du wirst Mutter nie mehr schlagen. Wenn du sie schlägst, dann nur über meine Leiche!« Der Jugendliche, der hier knapp einer eigenen Verletzung oder einer eigenen Gewalttat entgangen ist angesichts der Gewalttätigkeit seines betrunkenen Stiefvaters ist weltberühmt: Es ist der ehemalige Präsident der Vereinigten Staaten von Amerika, Bill Clinton. Er beschreibt das Elend in einer Alkoholikerfamilie in seinen Memoiren sehr treffend und bewegend: »Er (sein Stiefvater) litt unter jener explosiven Mischung aus Angst, Unsicherheit und psychischer Verwundbarkeit, die das Leben so vieler Süchtiger zerstört. Das Beunruhigende am Leben mit einem Alkoholiker ist aber, dass es nicht immer ein schlechtes ist.«

Dies dürfte auch der Grund sein, warum die meisten in einer Beziehung bleiben, in welcher es auch zu Ausbrüchen von Gewalt kommt. Aber auch die Entscheidung, in einer solchen Beziehung zu bleiben, heißt nicht, dass Sie Gewalt hinnehmen müssen. Hier deshalb ein paar Regeln, was beim Auftreten von Gewalt zu tun ist.

Was Sie bei Gewalt tun können

Das oberste Gebot in einer eskalierenden Situation ist – nicht streiten, nicht provozieren! Ruhe bewahren. Versuchen Sie sich innerlich von dem ganzen Geschehen zu distanzieren. Beobachten Sie es stattdessen. Wenn Sie erkennen, dass Sie der Situation nicht gewachsen und Sie oder Ihre Kinder gefährdet sind, handeln Sie: Gehen Sie aus der Wohnung oder rufen Sie die Polizei.

Damit Sie schnell handeln können, ist es gut, stets eine Tasche für den Notfall gepackt zu haben. Auch sollten die wichtigsten Telefonnummern in Ihrem Handy gespeichert sein. Sollten Sie keines haben, notieren Sie diese Nummern in Ihrem persönlichen Telefonbuch zusammen mit den notwendigen Adressen: die nächste Polizeidienststelle, Freunde oder Angehörige, die über das Problem informiert und bereit sind, Sie kurzfristig aufzunehmen, Notarzt, Notruf für Frauen, wo Sie die Adresse des nächsten Frauenhauses erfahren können.

Natürlich ist es am sinnvollsten, wenn es für Sie möglich ist, sich in Ihren eigenen vier Wänden zu schützen und den gewalttätigen Partner aus der Wohnung verweisen zu lassen. Wenden Sie sich zu diesem Zweck an die Polizei (siehe Anhang II, S. 166). Gewalt in der Familie ist keine Privatangelegenheit!

Auch sexuelle Gewalt ist dies nicht und auch hier hat der Gesetzgeber zum Glück mittlerweile entsprechend reagiert. Niemand muss Gewalt – körperlich, seelisch, sexuell – ertragen und wenn Sie es bisher noch gedacht haben, möchte ich Ihnen Mut machen, sich nach Hilfe umzusehen.

Dass auch dieser Schritt einfacher gedacht als getan ist, versteht sich von selbst. Wer trotz Gewaltausbrüchen bei dem trinkenden Angehörigen bleibt, tut dies meist nicht, weil er die Realitäten verkennt, sondern aus anderen Gründen: weil er keine Hoffnung mehr für sich hat, keine Kraft oder kein Vertrauen in die Zukunft, so wie es Schneeflocke, die Frau des Autors Ernst HERHAUS in seinem Buch »Kapitulation« schildert:

»Du hast mich im Suff geschlagen. Und geschlagen hast du mich auch, wenn du saufen wolltest und ich mich als Hindernis dir in den Weg stellte, ahnungslos von der Krankheit, wie wir waren. Das ist oft passiert. Zuerst habe ich noch zurückgeprügelt, mit Fäusten und eisernen Pfannen und Tiegeln und Töpfen und dir eine Box gegeben und hart ans Schienbein getreten – aber dann habe ich mich immer weniger gewehrt dagegen, zum Schluss überhaupt nicht mehr. Zuerst Wut, dann Hass auf dich, dann Gleichgültigkeit. (...)

Warum ich nicht weggegangen bin von dir, das ist nicht so einfach zu sagen. Das war nicht nur ein einzelner Grund, es kamen mehrere Gründe zusammen. Zuerst hat Mitleid mit dir eine entscheidende Rolle gespielt. Ich dachte: ›Er geht ganz unter, wenn du weg bist.‹ Du warst auf eine erbarmungswürdige Weise hilflos, unfähig zum Leben wie ein Kind. Es ist Unrecht, so jemand zu verlassen. Aber ich hätte gehen müssen (...). Ich war dafür offenbar schon zu kaputt. Dann wurde es mir schließlich egal und ich habe für mich keine Zukunft mehr gesehen, ob ich nun blieb oder ging.«

Natürlich ist dies ein drastisches Beispiel. Es zeigt aber auch, dass die Alkoholabhängigkeit nicht nur den Trinkenden zerstören kann, sondern auch den Angehörigen.

Seelische und körperliche Folgen für Angehörige

Massiv ist fast immer die Beeinträchtigung des Selbstwertgefühls. Der Verlust der Achtung und des Respekts gegenüber dem Suchtkranken geht mit dem Verlust der Selbstachtung einher. Es fällt zunehmend schwerer, sich selbst zu verzeihen, weil das eigene Verhalten so inkonsequent ist: Man hat mit Auszug gedroht, ist aber nicht gegangen; man hat Abstinenz gefordert, aber beim nächsten Anlass mitgetrunken; man hat womöglich Gewalt geduldet oder selbst ausgeübt und die Kinder mussten das mit ansehen.

Wenn Sie sich solche Vorwürfe machen, möchte ich Sie an dieser Stelle ausdrücklich auch um Nachsicht mit sich selbst bitten. Ich erinnere noch mal an die Belastungen, denen Angehörige in einer Suchtfamilie wie unter einem Sperrfeuer dauernd ausgesetzt sind und die sie allesamt in ihrem Selbstwertgefühl massiv beeinträchtigen.

Angehörige leiden unter:

- Unzuverlässigkeit und Unberechenbarkeit der suchtkranken Person;

- Aggression und Gewalt;
- häufigen Partnerschaftskonflikten;
- Vernachlässigung ihrer selbst und ihrer Interessen;
- Schulden;
- Arbeitslosigkeit;
- unzähligen Ängsten;
- Mitleid und Selbstmitleid.

Die Bedingungen in einer Suchtfamilie sind für alle Mitglieder belastend und führen nicht selten auch bei den Nichttrinkenden zu körperlichen und seelischen Erkrankungen. Herz- und Kreislaufprobleme oder Magen- und Darmkrankheiten treten bei Angehörigen gehäuft auf, desgleichen Angst, Depressionen und eigener Alkoholmissbrauch. Ihre Situation ist schwer. Das ist aber kein Grund zur Resignation, sondern einer mehr, sich das Geschehen in der eigenen Familie genau anzuschauen – nicht zuletzt, um für sich selbst etwas zu tun.

Schleichender Verlauf

Das Akzeptieren der Realität ist besonders schwer, wenn die Situation noch nicht so eskaliert ist, die Geldprobleme noch überschaubar sind, auch die Kinder sich scheinbar prächtig entwickeln. Dann fragt man sich, ist das nun schon Alkoholabhängigkeit oder nicht, mache ich mir übertriebene Sorgen oder nicht. An dieser Stelle möchte ich noch mal an die schlichte Problemdefinition des ersten Kapitels erinnern:

Wenn Sie anfangen, sich Gedanken über das Trinkverhalten eines Menschen zu machen, dann stimmt was mit dem Trinkverhalten nicht. Wenn Alkohol zum Problem wird, ist Alkohol das Problem.

Ich würde jetzt nur noch hinzufügen:

▶ **Es geht nicht nur darum, ob Ihr Angehöriger ein Problem hat oder nicht. Wenn Sie ein Problem sehen und sich unwohl fühlen, ist es in Ihrer Hand, etwas für sich zu tun.**

Wenn Sie weiterhin wegschauen, wird alles unaufhaltsam schlimmer. Regelmäßiges übermäßiges Trinken hinterlässt Auswirkungen auf die körperliche, seelische, geistige und soziale Existenz des Trinkenden, der Partnerin und der Kinder. Es ist unrealistisch, sich zu wünschen, dass es anders wäre. Dieser Wunsch ist verständlich, aber damit sich irgendetwas ändert, ist es nötig, wahrzunehmen, was ist. Besser kann es nur werden, wenn Sie die Tatsachen, so wie sie sind, zur Kenntnis nehmen, also zum Beispiel die Kontoauszüge ansehen und die Mahnungen. Und wenn Sie anfangen, Ihre wirklichen Gefühle wahrzunehmen.

ÜBUNG Nehmen Sie sich eine halbe Stunde Zeit und suchen Sie sich einen Raum, wo Sie ungestört von Kindern und Telefon für sich ganz allein sein können.

Machen Sie es sich nun bequem, allerdings nicht zu sehr, sondern bemühen Sie sich darum, Ihre Aufmerksamkeit auf einzelne Teile Ihres Körpers zu richten. Wie fühlt sich Ihr Gesicht an, Ihre Schultern, Ihr Rücken, Ihr Bauch, Ihr Herz, wie fühlen sich Ihre Beine an, Ihre Füße? Ist Ihnen kalt? Schwitzen Sie gerade? Nehmen Sie sich genug Luft oder ist Ihr Atem flach und gepresst?

Versuchen Sie das Wahrgenommene nicht zu bewerten, sondern nur zu betrachten. Erst dann bemühen Sie sich, es sich angenehm zu machen, so dass Sie körperlich entspannen können. Lassen Sie jetzt Ihre Gedanken fließen. Einfach nur fließen, genau wie Ihren Atem. Wir können unsere Gedanken nicht abstellen, aber wir können sie einfach sein lassen. Bemühen Sie sich dabei um eine wohlwollende innere Haltung. Sie sind ein wertvoller Mensch und es ist an der Zeit, dass Sie sich selbst etwas mehr Aufmerksamkeit schenken.

Mehr müssen Sie zunächst nicht tun, es geht nur darum, zu beobachten, welche Gefühle und welche Gedanken Ihnen kommen. ■

Wenn Ihnen diese Übung zu viel Unbehagen bereitet, müssen Sie nicht die ganze halbe Stunde durchhalten, versuchen Sie es mit einer Viertelstunde. Das Ziel ist, Ihre Wahrnehmung dessen, was ist, zu trainieren. Das geht auch in kleinen Schritten.

Alkohol und ich

Allen Menschen ist es gegeben, klug zu sein und sich selbst zu erkennen.
Heraklit

Das Bild der Suchtdynamik ist nicht vollständig ohne den Blick auf die eigene Person. Weil wir immer zuerst auf den Trinkenden schauen, sei es in Sorge, in Wut oder reiner Verzweiflung (manchmal alles zusammen), vergessen wir uns selbst zuweilen. Wir sind überrascht, wenn ein Freund oder auch ein professioneller Helfer sich auch dafür interessiert, wie es uns denn geht. Jedenfalls erging es mir so.

Mein Mann lag im Krankenhaus nach dem Versuch eines Selbstentzuges, der am dritten Tag in einem epileptischen Krampfanfall endete. Nach einigen Tagen wurde er auf die neurologische Privatstation verlegt und hier gab es das erste Mal das Angebot des zuständigen Professors zu einem Gespräch mit mir. Nachdem er mir die medizinischen Fakten dargelegt und erklärt hatte, sah er mich sehr freundlich an und fragte: »Und – so ein Zustand wie bei Ihrem Mann, das passiert ja nicht nach ein paar Monaten zu viel Trinken, das muss ja schon eine längere Geschichte sein, wie haben Sie das denn ausgehalten?« Und als ich darauf nicht antwortete, sondern peinlich berührt den Blick senkte, hakte er nach: »Haben Sie vielleicht mitgetrunken?«

Tief beschämt nickte ich.

Er sah mich weiterhin freundlich und sehr aufmerksam an und sagte dann nachdenklich: »Kann ich gut verstehen, das ist ja nüchtern auch nicht auszuhalten. Ich glaube, dass könnte mir auch so gehen. Ich habe eine Cousine, deren Mann trinkt auch, das ist irgendwie trostlos, ich weiß auch nicht, was man dagegen machen kann. Ist auch nicht mein Fachgebiet. Ich werde Ihrem Mann die Adresse eines befreundeten Kollegen geben, der eine anerkannte Kapazität auf dem Gebiet ist und eine spezielle Form der Kurzzeittherapie entwickelt hat. Das einzige, was ich von diesem Kollegen gelernt habe, ist der Satz: Die Lüge ist die Schwester der Sucht. Das leuchtet mir ein. Bei Alkoholismus steht Ehrlichkeit an oberster Stelle! Sich selbst gegenüber und seinem Partner gegenüber. Ihr Mann ist doch ein sympathischer Kerl, er hat einen guten Job, Sie halten zu ihm, Sie haben Kinder – es gibt also jede Menge Gründe, dass Sie es gemeinsam schaffen können. Jedenfalls wünsche ich Ihnen das sehr.«

Mittrinken probiert fast jeder

Dieser Mensch hat freundlich und mitfühlend ausgesprochen, was mir solche Schuldgefühle machte und wofür ich mich ungeheuer schämte. Mein eigener Umgang mit Alkohol. Aber dadurch, dass es jetzt benannt war und als eine Möglichkeit angesehen wurde, Unerträgliches erträglich zu machen, verlor es den Nimbus des Unsagbaren. Und es reichte völlig aus, den Blick auf mein eigenes Trinkverhalten zu lenken und es zu ändern.

Dass mir das ohne weiteres gelang, machte mir sehr deutlich, wie gravierend der Unterschied zwischen Gewohnheit und Sucht ist. Und natürlich auch, wie ungeheuer hilfreich Alkohol dabei ist, schlechte Gefühle wegzuzaubern.

Ich erinnere mich, wie schwer es war, nüchtern am Tisch zu sitzen und zu beobachten, wie mein Mann langsam im alkoholischen Nebel versank. Ich erinnere mich, dass ich mich gefragt habe, wie ihm das gelingt, ohne dass ich mitbekomme, wie viel er dazu benötigt. Er trinkt nicht mehr als ich und ich gieße mir erst das zweite Glas Wein ein. Wie zum Teufel ist es ihm gelungen, schon glasige Augen zu bekommen?

Das Aufsteigen von Zorn, Angst und Verzweiflung. Das entspannende Erleben, wie Zorn, Angst und Verzweiflung weniger werden. Wie alles leichter wird. Und alles so schlimm doch noch nicht ist. Weil ja doch noch alles funktioniert.

Die Kinder. Der Große – so ein guter Schüler! Und so vernünftig. Der Kleine – so ein Lieber! Halt manchmal sehr verträumt. Und manchmal so ein Clown. Wir haben alle viel Spaß mit ihm.

Das schöne Haus. Die gut bezahlte Arbeit.

Ach, irgendwie wird schon alles wieder gut werden, ist es doch bisher immer. Nach einem weiteren Glas Wein bin ich sowieso zu müde, um weiter darüber nachzudenken. Wenn ich überhaupt etwas unternehme, dann morgen. Morgen ist auch noch ein Tag.

Es brauchte noch viele Tage.

Heute weiß ich, dass mein Versuch, mitzutrinken, ganz normal war, fast alle Partner von Alkoholabhängigen probieren das mal aus – Erika und Rolf haben ja auch davon berichtet.

Wenn Ihnen, anders als den beiden, das Weglassen des Alkohols schwer fällt und Sie sich ab und zu sogar fragen, ob Sie nicht selbst mittlerweile zu häufig und zu viel davon trinken, können Sie Ihre eigene Gefährdung mit dem im ersten Kapitel vorgestellten CAGE- oder AUDIT-Test (S. 26f.) überprüfen.

Wenn Sie sich gefährdet sehen, können Sie als Nächstes mit sich selbst einen Vertrag schließen. Sie nehmen sich z.B. vor, Ihren Alkoholkonsum für die nächsten sechs Wochen einzustellen, das machen ja viele Menschen regelmäßig in der Fastenzeit oder bei Diäten. Sie können wahlweise auch beschließen, im nächsten halben Jahr nicht mehr als dreimal in der Woche Alkohol zu trinken und dann auch nicht mehr als 1–2 Gläser Wein oder Bier. Wenn es Ihnen wiederholt nicht gelingt, sich an Ihre Vorsätze zu halten, müssen Sie der Tatsache ins Auge sehen, dass Sie eventuell bereits selbst einen problematischen Umgang mit Alkohol haben. In diesem Fall suchen Sie eine Suchtberatungsstelle auf oder vielleicht auch erst mal Ihren Hausarzt.

Letzteres bietet allerdings seine eigenen Versuchungen.

Mother's little helper

Wer zu einem Arzt geht, um Hilfe zu bekommen für die anhaltende Verstimmung, die Traurigkeit, die unzähligen Ängste, verlässt die Praxis – ob Hausarzt oder Facharzt – nicht selten mit einem Rezept für ein Medikament, welches helfen soll, »der Seele eine Sonnenbrille aufzusetzen«. Genauer gesagt, wird häufig ein Beruhigungsmittel (z.B. Valium, Daizepam, Tavor, Tafil) oder ein Schlafmittel (z.B. Rohypnol, Raddorm, Noctamid, Betadorm) verschrieben.

Alle Beruhigungsmittel wirken angstlösend, beruhigend und schlafanstoßend, muskelentspannend und krampflösend. Welche Wohltat für jemanden, der angespannt und voller Angst auf den nächsten Horror wartet! Einige dieser zunächst so hilfreichen Medikamente haben aber ein sehr hohes Suchtpotenzial und ein regelmäßiger Gebrauch über mehrere Wochen kann beim Absetzen schon zu deutlichen Entzugssymptomen führen. Selbst bei niedriger Dosierung tritt bei den meisten Beruhigungs- und Schlafmitteln spätestens nach sechs Wochen eine Abhängigkeit ein.

- **Die Abhängigkeit von Schlaf- und Beruhigungsmitteln stellt sich viel schneller ein als bei Alkohol, so dass solche Medikamente wirklich nur im Bedarfsfalle und nach sorgfältiger Absprache mit dem Arzt eingenommen werden sollten. Die Grenze ist ganz deutlich zu formulieren: Medikamentenmissbrauch beginnt mit der regelmäßigen oder gelegentlichen Einnahme eines Arzneimittels, das vom medizinischen Standpunkt aus nicht unbedingt erforderlich ist.**

Es ist zwar verlockend, sich seiner belastenden und zutiefst unangenehmen Gefühle zu entledigen, aber das Problem, dass dieses Gefühl verursacht, verschwindet weder durch Alkohol noch durch Medikamente. Nehmen Sie Ihre Gefühle ernst, es sind gute Ratgeber. Ihr Rat lautet: aktiv werden, Verantwortung übernehmen.

Wir befolgen diesen Rat oft nicht, weil wir einen vermeintlichen Vorwurf daraus hören, nämlich den, bislang genau das noch nicht getan zu haben.

Scham und Schuldgefühle

Gerade wenn wir in einem schwachen Moment mitgetrunken oder Zuflucht zu Medikamenten genommen haben, ist uns im Grunde bewusst, dass das keine Lösung ist. Aber wenn man sehr erschöpft ist, kann das passieren. Sich dafür zu schämen, ist nicht notwendig, diese Scham zu versuchen, wegzutrinken oder zu betäuben, wäre sogar fatal, da damit ein Teufelskreislauf beginnen kann.

Meistens ist es ja nicht nur das Gefühl der Schwäche, das

uns Trost suchen lässt, sondern auch das Gefühl, versagt zu haben, Schuld zu sein am Konsum des trinkenden Angehörigen, etwas getan zu haben, was ihn oder sie in den Alkohol getrieben hat. Kinder denken, dass ihr Ungehorsam oder ihre Aufsässigkeit den Vater ein Beruhigungsbier trinken lassen, Ehefrauen glauben, das ihr letzter Streit den Mann in die Kneipe um die Ecke flüchten ließ, Ehemänner machen sich Vorwürfe, ihre Frau nicht genug beachtet zu haben. Aber glauben Sie wirklich, dass es in Ihrer Macht liegt, eine Alkoholabhängigkeit zu verhindern?

ÜBUNG Nehmen Sie sich mindestens eine halbe Stunde Zeit und suchen Sie sich einen Raum, wo Sie ungestört von Kindern und Telefon für sich sein können. Denken Sie nach. Glauben Sie, dass es die Konflikte mit Ihrem Angehörigen nicht gegeben hätte, wenn Sie sich anders verhalten hätten? Versuchen Sie, Ihr Verhalten wahrzunehmen, ohne es zu bewerten. Wenn sich Ihnen Erklärungen und Begründungen aufdrängen für das, was Sie getan haben, hören Sie sich wohlwollend zu. Ein Beispiel: »Okay, ich bin ausgerastet und habe ihn angebrüllt, aber schließlich bin ich müde von der Arbeit wiedergekommen und er hatte nicht eingekauft, nicht aufgeräumt und nicht gekocht, so wie wir es abgesprochen hatten.« Bestimmt wäre es besser gewesen, nicht so aggressiv zu reagieren, aber Ihr Verhalten ist verständlich, es passiert täglich anderen Menschen, ohne dass deren Partner trinken. Ihr Partner hat verschiedene Möglichkeiten, auf Ärger zu reagieren, wenn er sich für Alkoholtrinken entscheidet, liegt das in seiner Verantwortung. ■

Es gab in meiner Ehe eine Situation, die mir klar gemacht hat, dass ich an dem Trinken meines Mannes nichts ändern konnte, dass es egal geworden war, was ich tat:

Mein Mann hatte sich wieder krank gemeldet und lag betrunken im Bett. Es war vormittags, die Kinder waren in der Schule und ich war am Ende und zu allem bereit. »Sag mir, was ich tun kann, damit du aufhörst zu trinken.« Ich hätte meine Seele dem Teufel verpfändet, wenn das geholfen hätte und das wusste er auch, obwohl in unserer Beziehung nichts mehr in Ordnung war. Aber mit anzusehen, wie ein Mensch sich Tag für Tag langsam umbringt und immer mehr von seiner Würde verliert, das ist unerträglich. Seine Antwort darauf war genauso ehrlich wie mein Angebot. Unsere Verzweiflung erlaubte an dieser Stelle keine Lügen oder Verstellungen. »Du kannst da gar nichts tun. Es hat nichts mit dir zu tun. Es ist in mir.«

Anstelle von Schuld oder Mitschuld ist es sinnvoller von der Verantwortung zu sprechen, die jeder für sein eigenes und für das gemeinsame Leben trägt, denn diese Haltung richtet unseren Blick auf die Handlungsmöglichkeiten, die wir haben – und nicht haben (siehe auch den Schritt »Loslassen – auch Schuldgefühle« in Anhang I).

Co-Abhängigkeit

Zwar wird der Begriff der Co-Abhängigkeit nicht mehr so häufig verwendet, trotzdem möchte ich hier etwas dazu sagen, da er lange den Umgang vor allem mit Partnerinnen von Suchtkranken geprägt hat. Er klingt so professionell, ist es aber nicht. Entstanden ist der Begriff ursprünglich in der Selbsthilfebewegung. So konnten die Angehörigen von Alkoholikern eine gemeinsame Identität entwickeln und auch Strategien erarbeiten, um ihre Ohnmacht im Umgang mit dem alkoholkranken Familienmitglied zu reduzieren. Gleichzeitig signalisierte der Begriff auch, dass Angehörige unter den Folgen der Suchtkrankheit erheblich litten, dass sie als Reaktion darauf selbst erkrankten und dass sie ebenfalls Hilfe benötigten. Die Bezeichnung Co-Alkoholiker war so mit der neuen Identität – Angehörige eines Alkoholkranken – gut vereinbar.

Aber im Laufe der Zeit nahm in den Fachbeiträgen, die den Begriff aufnahmen, die Tendenz zu, dem Co-Abhängigen eine erhebliche Mitschuld an der Entstehung, Verstärkung oder Aufrechterhaltung der Suchterkrankung zuzuschreiben. Aus meiner Arbeit auf einer Suchtstation weiß ich, dass manche Profis den Begriff fast wie eine Beschimpfung verwenden: »Die ist aber co-abhängig!«

Alfred Uhl (2009, S. 29) bringt es auf den Punkt:

»›Co-Abhängigkeit‹ wird oft als Synonym für ›inadäquates, die Abhängigkeit unterstützendes Verhalten‹ verwendet, eine Bedeutung, die dem/der ›Co-Abhängigen‹ die Rolle des/der Schuldigen bzw. Mitschuldigen zuweist. Gleichzeitig wird ›Co-Abhängigkeit‹ aber auch wie eine neutrale Eigenschaft verwendet, die auf alle Angehörigen von Suchtkranken zutrifft. Zwischen diesen beiden Bedeutungen schwankend ist es möglich, (im Sinne der zweiten Bedeutung) undifferenziert allen Angehörigen von Suchtkranken (im Sinne der ersteren Bedeutung) die Hauptverantwortung an der Aufrechterhaltung des Problems zuzuschreiben, ohne dass man diese implizite Zuordnung explizit begründen müsste. Das bietet für alle, die professionell mit Süchtigen arbeiten, und für die Süchtigen selbst eine einfache Möglichkeit zur Verantwortungsdelegation, indem man die Angehörigen pauschal zu (Mit)Schuldigen stempelt. Die Angehörigen, die oft massiv unter der Symptomatik der Süchtigen leiden und daher durchaus oft als Opfer zu sehen sind, werden damit pauschal viktimisiert.«

Ich finde den Begriff der Co-Abhängigkeit vor allem deshalb problematisch, weil hiermit Menschen über die Erkrankung eines anderen definiert ihre Sorgen und Unterstützungsversuche abgewertet werden.

Es gibt eine Definition von Co-Abhängigkeit, mit der es sich meiner Ansicht nach gut leben lässt: Co-Abhängigkeit ist ein Problem und Lebensbewältigungsmuster, das in der Interaktion mit einer suchtkranken Person entwickelt oder verstärkt wird.

Wenig hilfreich sind z.B. die Annahmen,

- dass mit ausreichend Liebe und Geduld das Suchtproblem zu lösen ist,
- dass man sich selbst nicht in den Mittelpunkt stellen darf,
- dass die Bedürfnisse anderer wichtiger als die eigenen sind,
- dass man durch Kontrolle das Verhalten eines anderen dauerhaft beeinflussen kann.

Sie sorgen dafür, dass wir dem Alkohol gestatten, die wichtigste Rolle in unserem Leben zu spielen. Damit sind wir aber nicht »Komplizen der Suchtkranken« (vgl. Rennert 2012).

Die Entwicklung des Angehörigen-Verhaltens ist gekennzeichnet durch die fehlende Wahrnehmung von Verhaltensalternativen bis hin zum Gefühl von existenzieller Bedrohung durch jegliche Veränderung. Im Grunde hat sie viel Ähnlichkeiten wie die Entwicklung zur Alkoholabhängigkeit:

- Verlust von Selbstwertgefühl;
- Unterdrückung von Gefühlen;
- Verstärkung von Abwehrmechanismen (bagatellisieren, leugnen);
- Kampf um Kontrolle (Flaschen suchen);
- Verlust der Realität (so schlimm ist es noch nicht);
- Beeinträchtigung aller Potenziale der Persönlichkeit.

Sollte Ihnen davon einiges bekannt vorkommen, wäre das nur der Hinweis darauf, was Sie eigentlich schon die ganze Zeit wissen: Etwas ist nicht in Ordnung in Ihrem Leben.

Bevor Sie sich nun Vorwürfe für Ihr bisheriges Verhalten machen: wegschauen, tolerieren, kontrollieren – die meisten Angehörigen wählen zunächst diese Strategien. Das ist normal. Auch hier gibt es einige Hypothesen aus der Suchtforschung. So soll es Merkmale geben, die bei Partnern von Abhängigen besonders häufig auftreten. Zum Beispiel ist bekannt, dass Töchter alkoholkranker Väter öfter alkoholkranke Partner wählen als Frauen, die nicht aus suchtbelasteten Familien kommen. Genauso einleuchtend ist allerdings die These, dass Frauen immer noch aufgrund von überlieferten Rollenbildern und Erziehung dazu neigen, helfend für andere da zu sein und das sich diese grundsätzlich positiven Eigenschaften in einer Beziehung mit einem suchtkranken Menschen gegen sie kehren kann.

Halten wir fest, dass sich ein solches Verhalten, ohne ein gewisses Verantwortungsgefühl nicht entwickeln kann. Es ist nichts Schlechtes daran, für einen anderen Menschen zu sorgen und ihn zu unterstützen, der es offensichtlich selbst nicht mehr richtig kann. Es wäre fatal, wenn Sie jetzt jegliche Hilfe grundsätzlich einstellen würden. Aber Sie sollten die Verantwortung für Ihr eigenes Leben nicht geringer schätzen und die Verantwortung für einen anderen Menschen wieder dahin zurückgeben, wo sie hingehört.

- **Grundsätzlich ist es gut, wenn Sie negative Konsequenzen von Trinken zulassen können – zumindest wenn es keine substanziellen Probleme für Sie selbst hat.**

Beispiel: es wird immer davor gewarnt, den Partner beim Arbeitgeber zu entschuldigen, wenn er nicht zur Arbeit gehen kann. Wenn er allerdings der Allein- oder Hauptverdiener ist, kann das auch eine Maßnahme sein, die aus nackter Sorge um die Existenz ergriffen wird.

Das dem dann aber andere Schritte folgen sollten, ist auch klar. Es bleibt vieles übrig, was Sie tun können. Hören Sie auf

- die trinkende Person zu verachten;
- sie am Trinken zu hindern;
- ihr Lügen nachzuweisen;
- sie um jeden Preis einzubeziehen;
- sie verteidigen oder anzuklagen;
- sie zu manipulieren;
- sie mit Vorwürfen und Beschuldigungen zu belegen:
- für sie zu entscheiden.

Davon ist sicher einiges einen Versuch wert.

Loslassen – Pauls Erfahrungen

Nichts – nicht einmal ein Akt der Liebe oder des Hasses – ist so bewegend wie die Erkenntnis, dass man nicht alleine ist.
Robert Ardrey

PAUL, 69, FRÜHER INGENIEUR UND PERSONALCHEF, GESCHIEDEN ■ Als unser Junge klein war, hat meine Frau nicht gearbeitet, sondern ist zu Hause geblieben. Nachmittags, wenn ich wieder kam, war sie irgendwie verändert. Meine Frau wirkte auf mich fremd, unverständlich. Aber ich hab das nicht auf Alkohol zurückgeführt, sondern gedacht, sie ist halt so. Ein bisschen sonderbar.

Diese Wesensveränderungen haben aber dazu geführt, dass wir uns gemeinsam mit verschiedenen Psychotherapeuten in Verbindung gesetzt haben. Ich hab nur gedacht, dass hier in dieser Familie etwas ganz schief läuft, das es ganz anders geht, als ich mir das vorgestellt habe. Ich hab aber eher gedacht, es hätte was mit Tabletten zu tun, weil ich ja auch nie was gerochen habe. Ich hatte einfach den Eindruck, sie sei nicht mehr normal.

Meine Angst wurde in dieser Zeit immer größer. Zweimal musste ich von geschäftlichen Reisen zurückfahren, weil ich am Telefon gemerkt habe, das etwas nicht in Ordnung war. Es wurde dann aber immer deutlicher. Wir haben schließlich darüber gesprochen, dass es so nicht weitergehen kann. Sie ist zu einer Suchtberatungsstelle gegangen und dort hat man ihr offenbar helfen können. Jedenfalls hat sie das Trinken vorübergehend total eingestellt.

Ich glaube, langsam hat sie dann heimlich und allein wieder angefangen. Dadurch war ein großer Bruch in unserer Beziehung entstanden. Das hat dazu geführt, dass sie von sich aus gesagt hat: »wir beenden das hier.« Das hat sie auch getan. Wir haben uns einen gemeinsamen Anwalt genommen. Dieser Anwalt hat ihr gesagt, Ihr Mann ist unterhaltspflichtig, für Sie und das Kind, und wenn Sie nicht trinken, können Sie ein gutes Leben führen. Das hat sie auch einige Jahre ganz gut geschafft.

Unser Sohn ist mit zu ihr gezogen, war aber auch sehr viel bei mir. Er ist viel hin- und hergependelt. Das hat er offenbar relativ gut verkraftet. Bis er acht war. Da begann eine andere Zeit. Da rief er mich das erste Mal an, weil die Mama so komisch wäre. Ich bin dann hin und merkte, was los war. Sie war völlig außer Kontrolle geraten.

Es gab aber auch immer wieder erträgliche Phasen. Es gab Zeiten, wo sie wenig getrunken hat oder wo sie sich einen Alkoholspiegel angetrunken hat, und das hat ihr dann gereicht. Das weiß ich nicht so genau. Sie war damals auch schon mal in stationärer Behandlung. Ich habe mich dann aber mehr um unseren Sohn gekümmert als um sie. Aber es häuften sich die Probleme. Der Junge rief mich immer häufiger an und ich musste ihn immer häufiger abholen. Ab und zu kam er nicht in die Wohnung, weil sie versehentlich den Schlüssel im Schloss stecken gelassen hatte. Lauter solche Dinge. Ja, es zog sich so hin. Rauf und runter.

So ab dem 12. Lebensjahr unseres Sohnes begann eine Zeit des exzessiven Trinkens. Er lebte inzwischen bei mir, hatte aber weiterhin einen Schlüssel zu ihrer Wohnung.

Es gab einen immer wiederkehrenden Ablauf. Zunächst wirkte sie angeheitert, sehr fröhlich. Dann erreichte ich sie tagelang nicht mehr und meine Sorge wurde immer größer. Bis sie plötzlich anrief und sagte, ich bin zur Entgiftung. Diese Stereotypie wiederholte sich im Laufe der Jahre immer wieder. Manchmal riefen mich auch die Leute aus dem Haus an und klagten über allerlei Dinge.

Dieser Ablauf – Trinken bis es nicht mehr ging, dann Feuerwehr, dann Entgiftung –, das wurde zur Regelmäßigkeit. Ich hab irgendwann aufgehört zu zählen, aber ich denke, dass sie vielleicht zwanzigmal in der Klinik war.

Ich hab dann gegenüber unserem Sohn kein Geheimnis mehr daraus gemacht und ihm gesagt, dass Mama wieder in der Klinik ist. Wir haben seine Mutter dann auch, wenn sie in der Klinik war, zusammen besucht, damit er wenigstens eine Vorstellung davon hatte, was ist.

Es geht ja in einer Suchtklinik ganz wie in einem Krankenhaus zu, nicht so, dass da nur zugedröhnte Menschen sind, die meisten sind ja nach einigen Tagen wieder ansprechbar. Ich hielt es für vernünftig, ihm zu zeigen, die Mama ist dort, sie hat eine Krankheit. Das Chaos in ihrer Wohnung, das habe ich allerdings von ihm ferngehalten. Wie es in der Wohnung eines Menschen aussieht, der so viel trinkt, bis er besinnungslos ist, also das ist schwer zu beschreiben, das ist wirklich ein … Chaos. Grauenhaft.

Dann hab ich alle Fehler gemacht, die man so machen kann. Ich hab die halbvollen Schnapsflaschen ausgegossen und sie in Mülltüten getan. Anfangs hab ich sie auch noch mit Lebensmitteln versorgt, ihr den Kühlschrank ausgeräumt, die verfallenen Sachen weggeworfen und so weiter. Das dient ja alles mehr dem eigenen Ordnungswunsch als sonst irgendjemandem. Es hat mir ein bisschen geholfen, in diesem Chaos so eine Art Pseudoordnung wiederherzustellen.

Trotzdem war das nicht richtig. Da kommt sie nach drei oder vier Tagen, je nachdem wie sie beieinander war, nach Hause und alles ist wieder schön hergerichtet. Auf ihrem Konto ging immer Geld ein und alles war in Ordnung gebracht. Viele meiner Freunde sagten mir: »Lass sie, lass sie in Ruhe. Es geht dich nichts mehr an, wie sie lebt.« Ich wusste es selbst. Es war alles umsonst, alles falsch, nichts machte Sinn. Diese Hoffnungslosigkeit, die mich beherrscht hat, wenn ich nachts aufgewacht bin, dieses Gefühl der Ohnmacht: »Aber ich muss doch irgendwas tun!« Ich konnte doch nicht sagen, es ginge mich nichts an. Es passt einfach nicht zu meiner Natur. Gibt es ein Problem, frage ich mich, was ich tun kann und löse es. Das hat mir Gott geschenkt, damit lebe ich sonst ganz gut.

In einer dieser Phasen tiefster Verzweiflung habe ich bei der Selbsthilfegruppe Al-Anon angerufen. Ich hab eine Telefonnummer gewählt und bin da an eine sehr kompetente und liebenswerte Frau geraten. Sie hat sich meine Geschichte angehört und mich ganz wunderbar am Telefon in die Arme genommen und hat zu mir gesagt: »Paul, die Alkoholiker und die Angehörigen sind zwei, die gegeneinander kämpfen und das hat keinen Zweck. Tatsache ist, solange die, also die Trinker, noch wissen, dass da jemand im Hintergrund ist, der ihnen hilft, hören sie nicht auf.« Sie hat mir dann klar gemacht, dass es darum geht, den Trinker loszulassen. Nicht, ihn davon zu jagen, sondern ihn seinem Schicksal zu überlassen und das eigene wieder in die Hand zu nehmen. Dann hat sie mir gesagt, wann die Gruppe sich trifft und ich bin dahin gegangen.

Ich war über mehrere Dinge erstaunt: Erstens, dass da so viele Menschen saßen, die erstaunlich gelassen und gesund wirkten. Und zweitens von dem Geist, der da herrschte. Als ich raus ging, dachte ich, das sind alles unglaublich lebenstüchtige Menschen, die da zusammen sitzen. Die hatten alle eine eigene schreckliche Geschichte, die sie aber meisterten. Vor allem von den Frauen war ich überrascht. Die wussten alle, wovon sie sprachen. Eine hat einen Satz gesagt, der mir richtungweisend war am ersten Abend. Sie hat gesagt: »Niemand hat das Recht, mein Leben zu zerstören!«

Mit diesem kleinen Instrumentarium bin ich dann wieder gegangen – nämlich: Ich kann nicht helfen. Es ist eine Krankheit.

Dass es eine Krankheit ist, wusste ich vorher schon und dass ich nicht helfen kann, auch, aber plötzlich begriff ich, dass es die Wahrheit war. Im Unterschied zu früher hab ich es auf einmal richtig gefühlt: Ich kann nicht helfen und ich werde nicht mehr helfen. Ganz rigoros hab ich das so gehandhabt. Ich hab besser geschlafen. Alles war plötzlich leichter.

Meine Ex-Frau war ja inzwischen viele, viele Jahre dem Alkohol verfallen. Aber ganz offensichtlich hat etwas von meiner neuen Überzeugung sie erreicht. Ich hab ihr zu verstehen gegeben, dass sie sich nur selbst helfen könne, wobei ich sie nicht grob behandelt hab, auch nicht weggestoßen hab oder so. Irgendetwas an mir und in meiner Stimme war wohl so, dass sie verstanden hat: Den hab ich nicht mehr als Helfer in der Not! Damit war der letzte weg, den sie noch hatte.

Sie hatte noch mal einen kleinen Rückfall und seitdem ist sie trocken. Seit mehreren Jahren. ■

Was kann ich tun?

Entschlossenheit im Unglück ist immer der halbe Weg zur Rettung.
Heinrich Pestalozzi

Vielleicht haben Sie die anderen Kapitel bis jetzt nur quer gelesen und überflogen, um endlich zu dem für Sie Wesentlichen zu kommen. Was um Himmelswillen kann ich tun, um meinen Mann, meinen Vater, meinen Bruder, meine Freundin und mich aus diesem Teufelskreis herauszuholen? Was kann ich tun, damit mein Angehöriger endlich aufhört zu trinken?

Wenn Sie jedoch die ersten Kapitel aufmerksam gelesen haben, ahnen Sie schon, dass es mir nicht darum geht, Ihnen zu zeigen, wie man eine wohlwollende und zuversichtliche Haltung dem Angehörigen gegenüber einnimmt, damit er sich mit Ihrer fürsorglichen Unterstützung endlich ändern kann. Das wäre eine Illusion. Mir geht es um Ihre Situation – und für diese können Sie etwas tun.

Verantwortung übernehmen

Als mein Therapeut meine verzweifelte Frage, was ich denn nun tun solle, so beantwortete: »Ihre Entscheidungen können nur Sie treffen. Sie sind verantwortlich für Ihr Leben«, wechselten meine Gefühle in rasender Geschwindigkeit von einem trotzigen »Aber für diese Situation, in der ich mich befinde, bin ich nun wirklich nicht verantwortlich, ich trinke schließlich nicht!«

zu einem verzweifelten »Ja schön, aber was soll ich machen, so ist es nun mal!« Erst langsam begriff ich, was er meinte: Wenn ich nicht zufrieden mit dem Hier und Jetzt bin, ist es an mir, etwas zu tun. Niemand kann das für mich übernehmen. Niemand wird kommen und mich retten.

Das ist schade, aber es ist so. Der Realität ist es egal, ob Sie die Tatsachen anerkennen oder nicht, ob Sie glücklich sind oder nicht. Sie allein sind verantwortlich:

- für Ihre Wünsche und deren Erfüllung;
- für Ihre Zeit und was Sie mit ihr anfangen;
- für Ihre Entscheidungen;
- für die Worte, die Sie für die Durchsetzung Ihrer Entscheidung wählen;
- für Ihr Handeln;
- für Ihr persönliches Glück.

Doch Sie sind nicht verantwortlich für das Trinken eines anderen Menschen.

Vielleicht sträubt sich in Ihnen etwas, dass Sie nun etwas unternehmen sollen, scheint es doch zunächst vor allem darum zu gehen, dass Ihr Angehöriger etwas unterlässt, nämlich das Trinken. Doch ihm die Schuld für Ihr Unglück zu geben, hilft Ihnen schlicht nicht weiter.

Eigene Ziele verfolgen

Wenn Sie Ihre Situation daraufhin abklopfen, was Sie eigentlich für sich wünschen, wird Ihnen vielleicht klar, wie sehr Sie sich im Kreis drehen, wie durcheinander alles ist, dass Sie keine Ziele mehr haben – außer dass Ihr Partner aufhört zu trinken – und dass von klaren Strukturen keine Rede mehr sein kann.

Diese Überlegungen, dieses Klären, wo der Schuh am meisten drückt – das ist eigentlich Ihre Hauptaufgabe. Sie müssen eine Bestandsaufnahme bei sich selbst machen. Identifizieren Sie eigene Lebensbereiche, wo Sie etwas ändern möchten, z.B. persönliche Kontakte wieder zu pflegen, einen besseren Umgang mit finanziellen Schwierigkeiten zu erlernen, ein eigenes Zimmer einzurichten. Was ist mit Ihren Hobbys? Pflegen Sie sie oder ist alles der Beschäftigung mit dem Alkohol und seinen Folgen zum Opfer gefallen?

Haben Sie herausgefunden, was aktuell am dringendsten ist, können Sie sich vier einfache Dinge merken:

- Grundbedürfnisse befriedigen und Energie tanken (siehe den Schritt »Wahrnehmen, was Sie brauchen« im Anhang);
- Wahlmöglichkeiten erkennen;
- Grenzen setzen und klar machen;
- Konsequent handeln und geduldig mit sich sein.

Wahlmöglichkeiten erkennen lernen

Wenn ich Sie jetzt fragen könnte, wie Sie sich fühlen, würden Sie vielleicht antworten, Sie hätten das Gefühl, in einer Falle zu sitzen. Es ist dieses Gefühl: »Aber ich muss doch, was soll ich sonst machen: … ihn beim Chef entschuldigen, das Erbrochene wegputzen, seine Rechnungen bezahlen, an die Kinder denken. Und jetzt bin ich auch noch dafür verantwortlich, dass es mir gut geht.«

Ja, ich glaube Ihnen, dass Sie diesen Druck – und auch den Ärger über das, was Ihnen da aufgebürdet wird – spüren. Dennoch müssen Sie all das, was Sie glauben, tun zu müssen, nicht tun.

Als ich meinem Therapeuten erschöpft und verzweifelt erklärte, dass ich nicht wisse, wie ich weiter arbeiten solle, obwohl ich doch Geld verdienen müsse, um für meine Kinder zu sorgen, da lächelte er mich mitfühlend an und sagte freundlich und bestimmt: »Nein, das stimmt nicht. Nur sterben, das müssen Sie wirklich.« Er zählte dann eine Reihe Alternativen auf. Er schlug mir z.B. vor, depressiv zu werden und in eine Klinik zu gehen, meine Kinder zu meiner Mutter zu bringen oder sie dem Jugendamt zu überlassen.

Nun, dies waren alles Vorschläge, von denen ich keinen einzigen brauchbar fand. Aber sie machten mir klar, dass ich aufgegeben hatte, über Alternativen nachzudenken und das eigene Handeln zu hinterfragen. Ich hatte auch lange nicht mehr darüber nachgedacht, was ich selbst am meisten und unbedingt wollte. Es verursachte ein ganz anderes Gefühl, als ich zum ersten Mal laut sagte: »Ich will selbst für meine Kinder sorgen. Ich will selbst Geld verdienen. Ich will nicht vom Staat abhängig sein.«

Bis dahin war es ein weiter Weg. Vielleicht gehören Sie auch zu den Menschen, denen es generell schwer fällt, sich für etwas zu entscheiden. Sich nicht entscheiden zu können, ist aber ein ganz anderes Problem, als nicht wählen zu können. Wenn Sie z.B. schon darüber nachdenken, ob Sie sich trennen sollen oder nicht, haben Sie schon erkannt, dass Sie eine Wahl haben, auch wenn Sie noch nicht in der Lage sind, eine Entscheidung zu treffen.

Das Fatale an einer Entscheidung ist, dass Sie mit der Entscheidung für eine Möglichkeit alle anderen Möglichkeiten »abwählen«: Sie können sich nicht scheiden lassen, aber in Ihrer Beziehung bleiben. Doch dazu später (s. das Kapitel »Gehen oder Bleiben?«). Das Wichtigste in dieser Phase ist, überhaupt wieder Zugang zu bekommen zu der Vorstellung, dass Sie tatsächlich Wahlmöglichkeiten haben.

ÜBUNG Nehmen Sie sich Zeit, um eine Weile nachzudenken. Setzen Sie sich aufrecht hin, schließen Sie für einen Moment die Augen und atmen Sie einige Male tief ein und aus. Denken Sie jetzt daran, was Sie Ihrer Meinung nach alles tun müssen für Ihren Angehörigen. Nehmen Sie sich von allen Sachen, die Ihnen einfallen, nur einen einzigen Satz und spüren Sie diesem nach. Nehmen Sie etwas, wo es nicht gleich um Leben oder Tod geht:

- Müssen Sie ihn wirklich morgens wecken, damit er zur Arbeit geht?
- Müssen Sie wirklich kontrollieren, wie viel Alkohol er getrunken hat?

Spüren Sie, dass Sie eine Wahl haben. Atmen Sie einige Male tief ein und aus. ■

Grenzen setzen

Es ist aber nicht nur die Frage, ob Sie Ihren Angehörigen wirklich wecken oder ihn entschuldigen müssen, es geht auch um die Frage, ob Sie das weiter tun wollen und können. Es geht um Ihre Belastungsgrenzen. Wie viele Lügen halten Sie aus? Von Ihrem Angehörigen, aber auch eigene: Wie oft wollen Sie ihn noch bei seinem Chef entschuldigen? Oder vor den Kindern, wenn eine versprochene Unternehmung mal wieder nicht stattfinden kann, weil er seinen Rausch ausschlafen muss?

Wo die eigenen Grenzen sind, kann nur jeder selbst herausfinden. Es hilft nicht, wenn andere Ihnen sagen: »Wie kannst du dir das nur gefallen lassen? Ich an deiner Stelle wäre schon längst ..., hätte schon längst ..., würde schon längst ...«

Einen deutlichen Hinweis auf die eigenen Grenzen haben Sie, wenn sich Vorwürfe und Groll gegen den Angehörigen häufen, wenn Sie nicht mehr hören können, dass Trinken bei geschäftlichen Treffen nun mal üblich ist und Sie sich nicht so anstellen sollen, wenn es dann später wird und Ihre Verabredung für den Abend platzt. Wenn Sie »Ausrutscher« nicht mehr verzeihen und vergessen können. Kurz: Wenn alles zu viel wird, dann ist es an der Zeit zu sagen: »Bis hierher und nicht weiter!«

ÜBUNG Denken Sie über Ihre Grenzen nach und überlegen Sie sich, was Sie tun, wenn sie überschritten werden, z.B.:

- Wenn mein Partner betrunken nach Hause kommt, will ich das Bett für mich alleine.
- Wenn mein Vater mich wieder um Geld bittet, weil er die ganze Kneipe ausgehalten hat und pleite ist, sage ich »Nein«.
- Wenn mein Mann morgens nicht aus dem Bett kommt, rufe ich nicht in seiner Firma an und entschuldige ihn nicht. ■

Grenzen kommunizieren

Unabhängig von der Art der Grenze, die Sie setzen wollen, stellt sich immer die Frage, wann und wie kommuniziere ich das?

Nur nüchtern diskutieren ▶ Eine Faustregel ist, dass es keinen Sinn macht, mit jemandem etwas Wichtiges zu besprechen, der oder die noch Alkohol im Blut hat. In diesem Fall sollten Sie versuchen, freundlich und gelassen zu bleiben und es bei Gesprächen über Banalitäten wie das Wetter oder das Essen zu belassen.

Mit einem betrunkenen Menschen zu diskutieren, ist fast immer vertane Zeit, wie Sie wahrscheinlich selbst schon oft festgestellt haben. Mir jedenfalls ist noch schwindlig bei der Erinnerung an die endlos durchdiskutierten und durchstrittenen

Nächte mit meinem betrunkenen Mann. Und natürlich ist klar, dass zu einer derartigen Zeitverschwendung zwei Menschen gehören!

Lassen Sie sich bei Trunkenheit nicht auf Diskussionen ein, versuchen Sie nur eine Verabredung zu treffen für ein »nüchternes« Gespräch. Dies möglichst ohne Vorwurf. Sagen Sie nicht: »Du bist ja wieder viel zu betrunken, mir dir kann man ja nicht reden. Vielleicht schaffst du es ja wenigstens morgen, nüchtern zu bleiben.«

Bleiben Sie bei sich ▸ Sprechen Sie von sich selbst, also in der »Ich-Form« und von den eigenen Gefühlen, die das Verhalten eines anderen auslöst: »Ich würde gerne mit dir sprechen. Das Gespräch ist mir wichtig und ich möchte, dass du dann nüchtern bist. Können wir uns für morgen verabreden?« Versuchen Sie eine Unterscheidung zu treffen zwischen Ihrem Anliegen und Ihren Gefühlen.

Das heißt nicht, dass Gefühle ausgespart werden müssen, aber auch sie sollten möglichst ohne Schuldzuweisungen geäußert werden. So ist z.B. der Satz »Ich habe das Gefühl, dass du mich nicht mehr beachtest, dass du mich gar nicht mehr wahrnimmst« weniger eine Gefühlsäußerung als tendenziell ein Vorwurf. Das Gefühl, das dahinter steht, könnte Traurigkeit sein oder Ärger. Dieses sollte ebenfalls in Ich-Form angesprochen werden, z.B. so: »Ich bin traurig, weil wir nichts mehr zusammen unternehmen.«

Sprechen Sie keine Drohungen aus ▸ Drohungen nutzen sich nicht nur ab, wenn Sie z.B. die Ankündigung, ihn zu verlassen nicht verwirklichen, sie nagen auch an Ihrem Selbstbewusstsein, wenn sie nicht konsequent sind. Sagen Sie also nur freundlich und bestimmt, was Sie tun werden, sollte sich am Trinkverhalten nichts ändern, wenn Sie sich auch in der Verfassung fühlen, Ihre Ankündigungen wahrzumachen. Diskutieren Sie nicht, sondern teilen Sie Ihre Entscheidungen mit, denn hier gilt wieder die oberste Regel: Mit einem betrunkenen Menschen nicht diskutieren! Sagen Sie also einfach: »Ich werde mir ein eigenes Konto einrichten«, »Ich suche mir eine Arbeit« oder »Ich gehe jetzt jeden Dienstag zur Gruppe.«

Sie können auch lernen, sich zurückzuziehen, sich mit etwas anderem zu beschäftigen. Sie müssen sich auf keinen Streit einlassen.

Wenn Sie beginnen, ein solches Verhalten zu üben, seien Sie nachsichtig mit sich selbst – natürlich funktioniert das nicht sofort. Aber sollte es Ihnen mal gelingen und dann vielleicht sogar öfter, werden Sie merken, wie Sie etwas mehr Frieden und auch mehr Klarheit gewinnen.

Sich Unterstützung holen

An diesem Punkt kann ich Ihnen endlich etwas Einfaches und Angenehmes mitteilen: Sie sind nicht der einzige Mensch auf der Welt, der einen trinkenden Angehörigen hat. Und: Sie müssen nicht alles allein bewältigen.

Bisher hörte es sich für Sie vielleicht so an, als läge es (mal wieder) nur bei Ihnen, ob sich die Situation zum Besseren wendet. Das kennen Sie ja schon. Alles mit sich selbst ausmachen. Und kämpfen, kämpfen, kämpfen.

Das ist gar nicht nötig. Die Hilfe ist so nah wie das nächste Telefon. Und das ist im Handy-Zeitalter sehr nah.

Auch mir ist, genau wie Paul, mein erstes Telefonat mit einem Mitglied von Al-Anon in bleibender Erinnerung. Ich wusste nicht viel über Sinn und Zweck dieses Vereins, als ich dort anrief. Nur, dass es dort Hilfe geben soll für Angehörige, in deren Familie jemand trinkt. Meine Verzweiflung war so groß, dass ich bereit war, nach diesem Strohhalm zu greifen, obwohl ich im Grunde meines Herzens überzeugt war, dass nichts und niemand mir helfen konnte. Ich wollte nur nichts unversucht lassen.

Außerdem wusste ich nicht, mit wem ich über unser Problem sprechen konnte. Bei unseren Freunden war die Scham zu groß, meine Mutter wollte ich nicht ängstigen. Dass sie schon ganz verrückt vor Sorge war, aber nicht wagte, dies auszusprechen, erfuhr ich erst später. Mein Bruder, dem ich meine Befürchtungen anvertraut hatte, fand, dass ich übertreibe: »Klar, dein Mann trinkt ganz schön viel, aber das hat er doch schon immer gemacht. Er kann eben einen Stiefel vertragen, mehr als andere Leute! Alkoholiker? Jetzt übertreibst du aber!« Also rief ich bei Al-Anon an.

Als die Frau am Telefon mir einige Gruppentermine und -orte durchgab und ich zögernd entgegnete, ich wüsste nicht, ob ich schon diese Woche Zeit dafür hätte, verblüffte mich ihre Antwort total. Ohne irgendetwas über mich oder unsere Situation zu wissen, sagte sie sehr freundlich und mit Mitgefühl in der Stimme: »Die Gruppe geht nicht kaputt, wenn du nicht kommst. Aber vielleicht gehst du kaputt, wenn du dir nicht bald Hilfe holst.«

Wie konnte diese Frau etwas aussprechen, von dem ich selbst erst langsam ahnte, dass es mir drohte? Nun, sie konnte es, weil sie – wie unzählige andere auch –, Ähnliches erlebt hatte.

Sich Unterstützung zu holen, kann auch bedeuten, sich eine gute Therapeutin zu suchen (erkundigen Sie sich, ob sie Erfahrung hat mit Sucht), sich einer Selbsthilfegruppe anzuvertrauen (siehe nächstes Kapitel), mit dem Hausarzt zu sprechen, eine Suchtberatungsstelle aufzusuchen oder als ersten Schritt auch die Telefonseelsorge in Anspruch zu nehmen.

Suchen Sie auf jeden Fall das Gespräch mit Fachleuten und Betroffenen. Freunde und Verwandte sind tendenziell nicht die besten Anlaufstellen, da sie meistens zu wenig wissen über die Krankheit Alkoholismus und sich verpflichtet fühlen, Partei zu ergreifen, wenn auch Ihre. Für Sie geht es nicht um Bestätigung oder Rechthaben, für Sie geht es um eine Veränderung Ihrer Situation.

Geduldig mit sich selbst sein

Damit stehen Sie vor einer gewaltigen Herausforderung und Anstrengung. Ich möchte nicht verhehlen, dass es ungemein schwer ist, eingefahrene Gleise zu verlassen.

Machen Sie es sich noch mal klar: Alkoholismus ist eine schwere Krankheit und Sie sind miterkrankt oder auf dem Weg dahin. Es hat lange gedauert, bis sich dieser Zustand entwickelt hat. Es wird auch seine Zeit brauchen, bis Sie in der Lage sind, Ihre Einstellung und Ihr Verhalten zu ändern. Seien Sie geduldig mit sich selbst. Genau wie es für den Alkoholiker zunächst nur um den einen Tag geht, an dem er »das Glas stehen lässt«, geht es für Sie auch nur um einen Tag, um Neues zu üben. Al-Anon formuliert es so:

»Nur heute will ich versuchen, diesen einen Tag zu leben und nicht alle meine Lebensprobleme auf einmal zu lösen. In zwölf Stunden kann ich manches tun, vor dem ich zurückschrecken würde, wenn ich heute schon wüsste, es ginge mein Leben lang so weiter.

Nur heute will ich meinem Geist neue Kraft geben. Ich will etwas Nützliches lernen. Ich will etwas lesen, was Mühe, Nachdenken und Konzentration verlangt.

Nur heute will ich in dreifacher Weise meine Seele üben: Ich werde jemandem etwas Gutes tun und dafür sorgen, dass es niemand erfährt. Und ich werde wenigstens zwei Dinge tun, zu denen ich keine Lust habe – nur zur Übung. Und wenn ich gekränkt werde, will ich es mir – nur heute – nicht anmerken lassen.

Nur heute will ich so gut aussehen, wie ich irgend kann. Ich will mich sorgfältig anziehen, leise sprechen, mich höflich benehmen, nichts und niemanden kritisieren und auch nicht versuchen, jemanden zu bessern oder zur Ordnung zu rufen – außer mich selbst.

Nur heute will ich mir ein Programm machen. Ich werde es sicherlich nicht genau einhalten, aber ich will wenigstens eins haben. Ich will mich damit vor zwei Übeln bewahren: Hast und Unentschlossenheit.

Nur heute will ich eine halbe Stunde allein sein, um nachzudenken und mich zu entspannen. In dieser halben Stunde will ich mich bemühen, eine bessere Übersicht über mein Leben zu gewinnen.«

Angebote der Suchthilfe

Es gibt eine Unternehmung, die mit großer Sicherheit zum Scheitern verurteilt ist – jene, die wir für einen anderen planen.
Virginia Woolf

Auch wenn Sie nun wissen, dass Sie nicht so viel für Ihren Angehörigen tun können, sondern zuallererst etwas für sich tun müssen, können und sollten Sie ihm natürlich mitteilen, dass Sie sich Sorgen machen und vorschlagen, dass Sie gemeinsam eine Suchtberatungsstelle oder den Hausarzt aufsuchen. Wenn er bagatellisiert, sagt, dass Sie übertreiben und es sich lediglich um Ausrutscher handele, konfrontieren Sie ihn mit Ihren Beobachtungen zu seinem Trinkverhalten. Halten Sie sich an die Fakten, führen Sie gegebenenfalls einen Kalender, in dem Sie notieren, an welchen Abenden Ihr Angehöriger angetrunken nach Hause kam, wie oft Sie im letzten Jahr sein Fernbleiben in der Firma oder auch bei anderen Anlässen, wie gemeinsam geplanten Unternehmungen mit den Kindern, entschuldigt haben.

Auch hier gilt: Vermeiden Sie Vorwürfe, formulieren Sie Ich-Botschaften, machen Sie deutlich, dass Sie schlicht Ihre Sicht der Dinge präsentieren und erwarten, dass er Stellung nimmt. Vielleicht hat Ihr Angehöriger noch nicht realisiert, wie problematisch sein Trinkverhalten ist, dann helfen die Fakten, ihm die Augen zu öffnen.

Wenn er dagegen argumentiert, dass er wegen irgendwelcher Umstände in der letzten Zeit zu viel getrunken habe, aber da kein ernsthaftes Problem sehe, weil er jederzeit aufhören könne, nehmen Sie ihn beim Wort. Schlagen Sie ihm vor, zu versuchen, z.B. drei Wochen abstinent zu leben oder drei Monate nicht mehr als zweimal in der Woche Alkohol zu trinken und dann auch nicht mehr als zwei Gläser Bier oder Wein. Wenn dieser Versuch misslingt, können Sie Ihren Angehörigen wieder mit dieser Tatsache konfrontieren und erneut darauf bestehen, etwas zu unternehmen.

- **Wenn Ihr Angehöriger allerdings wiederholt ablehnt, etwas gegen das Trinken zu unternehmen, bleibt Ihnen nichts anderes übrig, als das zu akzeptieren. Es kommt dann darauf an, dass Sie für sich eine Grenze setzen, wie lange Sie das Verhalten mittragen. Diese Grenze sollten Sie kommunizieren und bei Überschreiten die angekündigten Konsequenzen ziehen.**

Konfrontieren und so Druck machen, ist eine Strategie, die nicht nur Angehörige oder Freunde nutzen können, sondern auch im beruflichen Umfeld aufgebaut werden kann. Als mein Mann mich vom Büro aus anrief und mich bat, ihn abzuholen, war ich total erschrocken, aber ganz tief im Inneren hatte ich auf diesen Moment gewartet, nämlich darauf, dass es so nicht weitergehen konnte. Es gab also etwas wie: »Endlich – jetzt ist Schluss!«

Er war eindeutig nicht nüchtern und es war noch nicht einmal Mittag. Seit Monaten grübelte ich darüber nach, weshalb er eigentlich noch nie auf der Arbeitsstelle aufgefallen war. Es konnte doch nicht sein, dass ich die Einzige war, die merkte, was los war. Verdammt, andere mussten das doch auch sehen! Nun, jetzt endlich war es geschehen. Sein Chef hatte ihn nach Hause geschickt und für den folgenden Montag ein Gespräch mit einem Suchtberater anberaumt.

Für diesen Druck von außen war ich dankbar. Der Kontakt zum Hilfesystem war hergestellt. Nun stand ihm die ganze Palette der Möglichkeiten eines ausgefeilten Suchthilfesystems offen.

Suchtberatungsstellen

Suchtberatungsstellen stellen für viele Angehörige und Betroffene den ersten Kontakt mit dem professionellen Hilfesystem dar. Träger der Suchtberatungsstellen sind fast immer die Kommune, das Land oder ein Wohlfahrtsverband. Hier trifft man in der Regel auf Sozialarbeiter, Sozialpädagogen und Psychologen. Die meisten haben therapeutische Zusatzausbildungen absolviert, manche von ihnen bringen auch eigene Suchterfahrung mit.

Zum Angebot gehören Beratung, Motivationsarbeit und Therapievermittlung. Dazu gehört vor allem das Erstellen sogenannter »Sozialberichte« für Kostenträger von Rehabilitationsmaßnahmen, ohne die eine Therapiemaßnahme nicht durchgeführt werden kann.

Meist werden auch Angehörigengruppen angeboten, die vor allem von Angehörigen genutzt werden, deren Partner sich in stationärer Therapie befinden. Da seit 1991 in Suchtberatungsstellen aber auch ambulante Therapien angeboten und durchgeführt werden, hat sich die Zusammensetzung der Gruppen dahingehend geändert, dass nun tendenziell die ganze Bandbreite familiärer Probleme entlang einer Alkoholismusentwicklung thematisiert wird.

Suchtambulanzen

Eine weniger bekannte, aber ebenso effektive Klärungsstelle für Suchtfragen sind die Suchtambulanzen, die es an vielen psychiatrischen Fachkliniken gibt. Dort wird geprüft, welche Behandlung in Frage kommt und ob z.B. eine stationäre Entgiftung notwendig ist.

Betriebliche Suchtberatung

In vielen deutschen Großbetrieben gibt es mittlerweile einen betrieblichen Sozialdienst bzw. eine betriebliche Suchtkrankenhilfe. Zu deren allgemeinen Aufgaben gehört es, die Belegschaft zu informieren über Alkohol, Alkoholgefahren und Alkoholismus. Außerdem schult sie Vorgesetzte und Kollegen und berät betroffene Mitarbeiter. Diese Beratungsarbeit hat verschiedene Elemente: Anbahnung von Entwöhnungsbehandlungen (Motivation, Information, Beantragung), Moderation von Arbeitsplatzgesprächen nach einer Entwöhnungsbehandlung und anderes mehr.

Viele Betriebe folgen einem festgelegten Vorgehen im Umgang mit alkoholauffälligen Mitarbeitern, die in der Regel in Form einer Betriebsvereinbarung zwischen Geschäftsführung und Betriebs-/Personalrat schriftlich niedergelegt ist.

Zumeist folgen sie dem Prinzip des »konstruktiven Drucks«. Auf der einen Seite wird dem Mitarbeiter durch eine Abfolge von Gesprächen mit immer höherem Verbindlichkeitsgrad zunehmend Druck gemacht, seine Suchtprobleme so zu bearbeiten, dass er seinen arbeitsvertraglichen Pflichten wieder nachkommen kann, auf der anderen Seite werden ihm Hilfsangebote gemacht, die ihm dies ermöglichen sollen. Erst der letzte Schritt der Stufenabfolge sieht die Kündigung vor, manchmal mit Wiedereinstellungsoption nach erreichter und stabilisierter Abstinenz.

Hausarzt

Wenn es zu einem Gespräch mit einem Arzt kommt, sei es, weil Ihr Angehöriger sich bereit erklärt hat, den Hausarzt zu konsultieren, sei es, weil Folgen des Alkoholkonsums zu einem Unfall, zu Magenproblemen oder Kreislaufbeschwerden geführt haben und nun das Thema Alkoholkonsum von dem Arzt selbst angesprochen wird, ist das eine Chance, Ihre Beobachtungen dem Arzt und Ihrem Partner mitzuteilen.

Versuchen Sie nicht, irgendein Verhalten zu beschönigen und schweigen Sie auch nicht aus falsch verstandener Solidarität; ein Arzt kann nur helfen, wenn er genau Bescheid weiß. Beschreiben Sie die Veränderungen, die Sie erleben so realistisch wie möglich. Eine Diagnose kann der Arzt in der Zusammenschau seiner Untersuchungsergebnisse, seiner Erfahrungen sowie Ihrer Informationen und der Ihres Angehörigen stellen.

Sie dürfen von Ihrem Hausarzt erwarten, dass er eine Behandlungsstrategie entwerfen und entweder selbst eine kurze Intervention durchführen oder zu einer angemesseneren Einrichtung bzw. anderen Kollegen weitervermitteln kann.

Wenn eine intensive Behandlung und Begleitung notwendig ist, wird in der Regel eine Überweisung zu einem Facharzt oder in eine Fachklinik erfolgen. Seit einigen Jahren gibt es allerdings auch ein Fortbildungsangebot für Allgemeinmediziner zum Suchtmediziner, so dass eine Nachfrage lohnen kann.

Wenn das Alkoholproblem schon länger besteht, wird eine Behandlung immer mit einer Entgiftung beginnen.

Da die meisten Entgiftungen zu Hause stattfinden (siehe auch Annes Erfahrungen), sollten Sie wissen, was auf Sie zukommt, wenn Ihr Angehöriger sich zu so einer Maßnahme entschließt. Bei dem abrupten Entzug von Alkohol ist ab einem gewissen Gewöhnungsgrad eine ärztliche Begleitung unbedingt anzuraten.

Wenn plötzlich dem Körper der Alkohol entzogen wird, reagiert er in spezifischer Weise. Zu den häufigsten Symptomen gehören: innere Unruhe, Reizbarkeit, Ängste, Schwitzen, Schlafstörungen sowie das Zittern der Hände. Häufig treten auch Übelkeit, Magenschmerzen, Erbrechen und Durchfälle auf. Diese Symptome halten ungefähr fünf Tage an und man kann sie – wenn Ihr Angehöriger und Sie sich das zutrauen –, zu Hause durchstehen. Besser ist es, den Hausarzt oder auch einen Facharzt einzubeziehen, auch weil dieser einige der Entzugssymptome gegebenenfalls medikamentös abfedern kann.

Bei fortgeschrittener, massiver Alkoholabhängigkeit ist das Risiko lebensbedrohlicher Entzugserscheinungen so groß, dass eine Entgiftung immer in einem Fachkrankenhaus stattfinden sollte.

Das stärkste Entzugssyndrom ist das Delirium. Symptome sind psychomotorische Unruhe und Halluzinationen wie die sprichwörtlichen »weißen Mäuse«. Es handelt sich allerdings oft auch um eklige Spinnen und überhaupt scheußliches Krabbelgetier.

Durch den Alkoholentzug kann es ferner zu epileptischen

Krampfanfällen kommen. Ein solcher Anfall ist vor allem für den, der zufällig daneben steht, erschreckend, während der Betroffene selbst davon nicht viel mitbekommt. Er wird plötzlich bewusstlos, fällt zu Boden, der ganze Körper ist starr und verspannt, verbunden mit starken Zuckungen an Armen und Beinen. Das Gesicht verfärbt sich blau, weil es vorübergehend zu einem Atemstillstand kommt, manchmal entsteht auch noch Schaum vor dem Mund. Ein solcher Anfall kann ein paar Sekunden, mitunter auch Minuten dauern. Wenn der Betroffene wieder zu sich kommt, weiß er in der Regel nicht, was mit ihm passiert ist. Er ist sehr müde und hat als Folge der Krämpfe starke Gliederschmerzen bzw. Muskelkater.

Fachkrankenhäuser können nicht nur Entzugssymptome lindern und gut behandeln, sie bieten immer auch eine sogenannte qualifizierte Entgiftung, d.h. bereits vom ersten Tag an wird der Patient über die Alkoholerkrankung informiert sowie über Folgen, Konsequenzen und Möglichkeiten der Behandlung. Spätestens dort lernt er auch die verschiedenen Selbsthilfegruppen kennen.

Selbsthilfegruppen

Selbsthilfegruppen haben auf allen Stufen der Beratung und Behandlung eine nicht zu unterschätzende Funktion. Selbsthilfegruppen bieten vielen Menschen die notwendige Unterstützung, die ihnen ein Nüchternwerden und Nüchternbleiben möglich macht. Belegt durch Studien ist, dass die Erfolgsaussichten einer medizinischen und psychotherapeutischen Behandlung mit dem gleichzeitigen Besuch einer Selbsthilfegruppe steigen.

Die Anonymen Alkoholiker ▶ Die wohl berühmteste Selbsthilfegruppe für Alkoholabhängige, aber auch für ihre Angehörigen sind die Anonymen Alkoholiker (AA). Sie wurden 1935 von zwei legendären »Trunkenbolden« (so der AA-Slang) gegründet – Bill und Bob. Der eine war Börsenmakler, der andere Chirurg. In einer Stunde absoluter Not und Hoffnungslosigkeit gelang es den beiden, die sich vorher nicht kannten, dadurch, dass sie miteinander über ihr Trinken sprachen, nüchtern zu werden und nüchtern zu bleiben.

Die Anonymen Alkoholiker sind weltweit organisiert und das ohne hierarchische Strukturen. Sie haben weder Einkünfte noch erhalten sie Zuschüsse. Die AA kennen keine Mitgliedsbeiträge oder Gebühren, sie finanzieren sich durch Spenden. Sie beten ziemlich häufig und sind doch weder ein »Frömmler-Haufen«, noch gehören sie zu einer Kirche oder Sekte. Sie trinken keinen Alkohol, aber sie wollen ihn keineswegs verbieten. Ihre Präambel lautet:

»Anonyme Alkoholiker sind eine Gemeinschaft von Frauen und Männern, die miteinander ihre Erfahrung, Kraft und Hoffnung teilen, um ihr gemeinsames Problem zu lösen und anderen zur Genesung von Alkoholismus zu verhelfen.

Die einzige Voraussetzung für die Zugehörigkeit ist der ehrliche Wunsch, mit dem Trinken aufzuhören. (…) Die Gemeinschaft AA bietet keinen Sozialdienst an, stellt weder Unterkunft noch Verpflegung, Kleidung, Arbeit oder Geld zur Verfügung. Sie hilft dem Alkoholiker, nüchtern zu bleiben, so dass er für all diese Dinge selber sorgen kann.«

Bei dieser »Hilfe zur Selbsthilfe« ist das wichtigste Hilfsmittel das anteilnehmende Gespräch. Dabei halten die AA nichts von Ursachenforschung und ihre radikale These zu den Gründen des Trinkens lautet: Jeder Alkoholiker hat sieben Gründe zu trinken: Montag, Dienstag, Mittwoch, Donnerstag, Freitag, Samstag und Sonntag.

Im Grunde stimmen sie mit den gängigen Suchttheorien überein: Alkoholismus hat man nicht, Alkoholiker ist man.

Ihnen ist bis ins Mark bewusst, dass Alkoholismus eine tödlich verlaufende Krankheit ist, denn viele von ihnen waren schon knapp davor, ihr Leben zu verlieren. Deshalb spielt bei den AA auch die Kapitulation so eine grundlegende Rolle. Wer überleben will, muss kapitulieren – zunächst vor der Flasche, dann aber auch vor seinem bisherigen Lebenskonzept. Wer trocken bleiben möchte, muss sein Leben von Grund auf ändern. Die Kurzfassung des AA-Programms könnte so lauten: Sei ehrlich. Ändere dich. Hilf anderen.

Neben den AA gibt es weitere Selbsthilfegruppen, die zumeist konfessionell gebunden sind.

Blaues Kreuz ▶ Das Blaue Kreuz ist die 1877 gegründete Selbsthilfeorganisation der Evangelischen Kirche. Hier stehen erfahrene und innerhalb des Verbandes ausgebildete Männer und Frauen den Gruppen vor und prägen den atmosphärischen und inhaltlichen Ablauf eines Gruppenabends. Das kann für manche Menschen wesentlich hilfreicher sein als die etwas rigide Vorgehensweise bei den AA, wo viele Erstlinge schon bei der Vorstellungsformel »Ich bin x und ich bin Alkoholiker« am liebsten umkehren würden.

Das Blaue Kreuz unterhält eigene Beratungsstellen, Fachkliniken, Wohnheime und sogar ein Familien-Ferienheim. Dadurch gibt es für therapiewillige Betroffene die Möglichkeit, relativ unkompliziert in die Behandlungskette Vorbereitung – Therapie – Nachsorge einzusteigen.

Die christliche Grundhaltung ist beim Blauen Kreuz stärker ausgeprägt als bei anderen Gruppen. Insbesondere Menschen mit einem christlichen Selbstverständnis können hier auf Menschen treffen, die stark im Glauben verankert sind, und dadurch neben psychischem und sozialem Halt auch eine wertvolle Orientierung in Sinnfragen bekommen.

Kreuzbund ▶ Der Kreuzbund ist eng verzahnt mit dem Caritas-Verband, kann aber in seiner praktischen Arbeit als konfessionsunabhängig angesehen werden. Der Kreuzbund sieht seine Aufgabe darin, die Bereitschaft zur Abstinenz zu stärken und den anderen so lange zu begleiten, bis dieser seinen Weg wieder alleine gehen kann. Deshalb nennen sich die Kreuzbund-Mitglieder auch »Weggefährten«. Hier ist der Verzicht auf Suchtmittel nicht das Ziel, sondern die notwendige Voraussetzung zu einer Neuorientierung der Persönlichkeit.

Der Kreuzbund unterhält ebenfalls eigene Beratungsstellen, Fachkliniken und Nachsorgeeinrichtungen. Darüber hinaus gibt es spezielle Angebote für Frauen, für Alleinstehende, Familien und für Angehörige. Mitglieder des Kreuzbundes nehmen sehr persönlichen Anteil und bringen auch schon mal einen Betroffenen in die Klinik oder besuchen ihn während einer Langzeittherapie. So können sie, wenn gewünscht, das Gefühl vermitteln, nicht ganz allein dazustehen.

Guttempler ▶ Der Deutsche Guttempler-Orden ist Teil einer internationalen Organisation alkoholfrei lebender Menschen. Es gibt ihn seit 155 Jahren.

Mit den Grundsätzen »Enthaltsamkeit – Brüderlichkeit – Frieden« sind die Guttempler mehr als eine Selbsthilfegemeinschaft. Sie kümmern sich um alle Fragen, die mit dem Alkoholkonsum zusammenhängen und engagieren sich gesellschaftlich und politisch. Sie machen sich stark dafür, dass der Verkauf von Alkohol eingeschränkt wird, Promillegrenzen herabgesetzt und Jugendschutzgesetze eingehalten oder verschärft werden.

Die Guttempler verstehen sich als religiös, weltanschaulich und politisch unabhängig und stehen allen Menschen offen, die sich verpflichten, abstinent zu leben. Sie bieten – außer Fachkliniken und Übergangsheimen – ein großes Spektrum an Freizeit- und Bildungsangeboten an, um Formen des abstinenten Lebens erlernen zu können. Bei den Guttemplern finden sich auch viele Nichtabhängige, die aus anderen Gründen die Abstinenz dem Trinken vorziehen und die nüchterne Fröhlichkeit der Guttempler für ihr Leben bevorzugen.

Freundeskreis ▶ Auch die Freundeskreise sind konfessionell ungebunden. Sie entstanden 1956 auf Initiative ehemaliger Patienten von Fachkliniken und pflegen einen intensiven Austausch mit Facheinrichtungen. Sie bieten auch Ausbildungen zum Suchtkrankenhelfer an und sind geprägt von einem großen Gemeinschaftsgefühl.

Selbsthilfegruppen sind auch für Angehörige hilfreich

Gerade die Freundeskreis-Gruppen erkannten von Anfang an, dass der Alkoholiker nicht allein ist mit seiner Krankheit, sondern dass auch Partner, Kinder und Eltern mitbetroffen sind. Diese sind bei den Freundeskreis-Gruppen ebenfalls Teil der Selbsthilfegruppen. Daneben wurden spezielle Angebote vor allem für Kinder und Jugendliche entwickelt.

Auch Sie selbst können, wenn Sie vor Verzweiflung und Hoffnungslosigkeit nicht mehr weiter wissen, einfach mal selbst zu einem offenen AA-Meeting gehen, bei dem auch Angehörige herzlich willkommen sind. Sie werden erstaunt sein, wie viel nüchterne Fröhlichkeit dort versammelt ist. Und wie mitfühlend und herzlich Sie aufgenommen werden. Ich habe dies einige Male gemacht und war dankbar für die freundliche Offenheit, mit der mir dort begegnet wurde.

Abstinenz unterstützen

Da alle genannten Selbsthilfegruppen davon ausgehen, dass jeder Alkoholabhängige seine Sucht nur durch eine abstinente Lebensweise überwinden kann, wird sich die Frage stellen, wie Sie es selbst in Zukunft mit dem Alkoholkonsum halten wollen, wenn Ihr Angehöriger einen Abstinenzversuch startet. Vielleicht haben Sie sich schon überlegt, dass es besser ist, keinen Alkohol im Haus zu haben. Das bedeutet aber, dass es auch für Sie kein Glas trockenen Weißen mehr zum Feierabend gibt. Oder dass Sie auch Freunden keinen Alkohol mehr anbieten können, wenn sie zu Besuch kommen. Hier müssen Sie gemeinsam klären, was Sie wollen und wie Sie es vertreten können. Wenn die Freunde von dem Alkoholproblem in Ihrer Familie wissen, werden Sie das Thema offensiv ansprechen können, wenn das Problem nicht bekannt ist, müssen Sie eine gemeinsame Sprachregelung finden.

Das gilt natürlich auch für Ihre Besuche bei Freunden und Bekannten. Ihr Angehöriger lernt in einer Selbsthilfegruppe, wie man ein alkoholisches Getränk ablehnen kann und auch, wie man mit eventuellen Beschwichtigungen oder Provokationen umgeht. Bleibt die Frage, ob Sie selbst auch Alkohol ablehnen wollen oder nicht. Mir ist keine Forschungsarbeit bekannt, die untersucht hat, wie sich das Trinken bzw. Nicht-Trinken von Angehörigen auf die Abstinenz des Betroffenen auswirkt, doch aus der langjährigen Arbeit in der Suchthilfe und den Kontakten zu verschiedenen Selbsthilfegruppen kann ich nur raten, sich an dem abstinenten Leben zu beteiligen. Zumindest bei allen mir bekannten Paaren, die es gemeinsam geschafft haben, ist es so, dass der nichtabhängige Partner ebenfalls abstinent lebt oder dies doch einige Jahre getan hat. Bei dauerhafter, stabiler Abstinenz ist es durchaus möglich, ab und zu mal mit Gästen ein Glas Wein zu trinken (siehe die Erfahrungen von Anne), aber zunächst gilt:

▶ **Durch eigene Abstinenz können Sie die Abstinenz Ihres Angehörigen gut unterstützen.**

Entwöhnungsangebote

Ich kenne genügend Menschen, bei denen die qualifizierte Entgiftung, die Aufklärung und das Zusammentreffen mit Betroffenen in den verschiedensten Phasen der Sucht ausgereicht haben, um nüchtern zu werden. Bei vielen reicht dies aber nicht und dann ist eine ausdrückliche Entwöhnungsbehandlung notwendig.

Wie die Entgiftungsbehandlung kann auch eine Entwöhnungsbehandlung ambulant durchgeführt werden. Diese sieht 80 therapeutische Einzel- bzw. Gruppensitzungen vor, in begründeten Einzelfällen darüber hinaus ca. 40 weitere Stunden sowie 12 Gespräche mit Bezugspersonen.

Ambulante Entwöhnungsbehandlungen ▶ finden in der Regel in Suchtberatungsstellen statt, aber auch in Fachambulanzen. Wenn es die Möglichkeit einer ambulanten Entwöhnungsbehandlung in Ihrer Nähe gibt, so hat dies einige Vorteile:

- Sie ist kostengünstiger.

- Der Betroffene kann zu Hause wohnen bleiben, das familiäre und berufliche Umfeld können einbezogen werden.
- Die Umsetzung therapeutischer Fortschritte in den Alltag findet unmittelbar statt.
- Die wichtigsten Rückfallgefährdungen können am Alltag des Patienten bearbeitet werden.
- Eine Unterstützung bei praktischen Problemen (z.B. Schuldenregulierung) kann vor Ort leichter gewährt werden.

Die Nachteile sind allerdings auch zu berücksichtigen:

- Wenn die alltäglichen Suchtanreize unwiderstehlich sind, kann ein örtlicher und zeitlicher Abstand die Gesundung fördern.
- Gruppentherapien können wegen mangelnder Patientenanzahl oft nicht ambulant angeboten werden, sie besitzen jedoch eine Reihe von Vorzügen gegenüber Einzeltherapien: Lernen aus der Erfahrung anderer, gegenseitige Konfrontation bei Beschönigungsversuchen, aber auch gegenseitige Unterstützung.

Daher kann es sein, dass die professionellen Berater und der Betroffene selbst zu dem Ergebnis kommen, dass eine stationäre Entwöhnungstherapie das Mittel der Wahl ist.

Stationäre Entwöhnungsbehandlungen ▶ sind allerdings fast immer mit erheblichen Wartezeiten verbunden, weil man meistens die Kostenbewilligung des Rentenversicherungsträgers abwarten muss, denn dieser ist zumindest bei Arbeitern und Angestellten für die Bezahlung einer solchen Maßnahme zuständig.

Eine gute Alternative kann in dieser Lage der Besuch einer Suchttagesklinik sein, von denen es allerdings noch nicht allzu viele gibt. Hier kommt der Patient tagsüber zur Behandlung und kann den Abend und die Nacht bei seiner Familie verbringen. In einer Suchtfachklinik wird er dagegen für eine bestimmte Zeit aus seiner Lebenssituation herausgenommen, die infolge ihrer Belastungen und Versuchungen den Alkoholmissbrauch möglicherweise begünstigt. Andererseits lebt der Patient auf Dauer eben nicht unter einer »Käseglocke« und muss früher oder später in dem Umfeld zurechtkommen, in dem er lebt.

Sowohl in der Tagesklinik wie auch in einer Suchtfachklinik steht die Gewöhnung an einen strukturierten Tagesablauf und die Bearbeitung von Wochenend- und Freizeitproblemen im Vordergrund. Die therapeutische Gesamtatmosphäre, die nur in stationärer Behandlung möglich ist, fördert den Erwerb neuer Einsichten und Erfahrungen und trainiert die Übernahme neuer sozialer Umgangsformen ohne Suchtmittel.

Ohne Frage muss für den Schritt, in eine Suchtfachklinik zu gehen, eine größere Hemmschwelle überwunden werden als bei einer ambulanten Therapie. Die ständige Rücksichtnahme auf andere stellt zudem für manchen eine zunächst schwer ertragbare Einschränkung und Belastung dar.

Psychosomatische Kliniken sind vor allem für gut situierte Privatpatienten eine gern gewählte Alternative. Hier werden ebenfalls hochdifferenzierte Programme durchgeführt, in denen viele unterschiedliche therapeutische Verfahren angewendet werden. Die Behandlungsdauer ist allerdings kürzer, sie dauert vier bis sechs Wochen, während in den Suchtfachkliniken in der Regel von einer Behandlungsdauer von vier Monaten ausgegangen werden kann. Die endgültige Dauer wird nach den individuellen Voraussetzungen entschieden.

Ist die Entwöhnungsbehandlung abgeschlossen, empfiehlt es sich, Nachsorgeeinrichtungen zu nutzen, um den Erfolg der Behandlung zu sichern.

In der Nachsorgephase geht es darum, die erreichten Veränderungen im sozialen und psychischen Bereich zu stabilisieren. Hier bieten sich wieder die verschiedenen Selbsthilfegruppen an. Idealerweise hat der Patient bereits während der Therapie Kontakte geknüpft und »seine« Gruppe gefunden. Wie wir gesehen haben, gibt es sehr unterschiedliche Gruppenkulturen, und es ist wichtig, die zu finden, die zu einem passt. Dabei sollte man nicht zu früh aufgeben. Eine Faustregel besagt, dass man mindestens acht Gruppenabende besuchen sollte, bevor man eine Gruppe als nicht »passend« verwirft.

Gerade die erste Zeit nach einer Behandlung ist in hohem Maße rückfallgefährdet. Das ist auch sicher einleuchtend für jeden, der schon mal versucht hat, Neujahrsvorsätze bis Ostern zu retten – abnehmen, Gymnastik, Neues lernen, regelmäßig joggen – und hier geht es noch nicht mal um zutiefst süchtig verankertes Verhalten.

Für viele Patienten empfiehlt sich auch der Beginn einer Psychotherapie, denn vieles, was in der Suchtbehandlung angestoßen wurde, kann nur in einer nachgehenden Psychotherapie weiter bearbeitet werden. Allerdings ist es auch wichtig, dass der Therapeut sich mit Sucht auskennt, da sonst zu leicht wieder »alte Spiele« gespielt werden können.

Andere Möglichkeiten der Nachsorge finden sich in den Suchtberatungsstellen und in Gesundheitsämtern, wo den Betroffenen auch ohne Krankenkassenkarte und Praxisgebühr von erfahrenen Profis Gespräche angeboten werden. Für manche Menschen ist auch der Hausarzt die richtige Adresse, weil er die Vorgeschichte und die familiären Verhältnisse gut kennt.

Ein relativ neues Angebot in der Suchthilfe ist das »Kontrollierte Trinken«. Um von vornherein kein Missverständnis aufkommen zu lassen – es geht nicht darum, dass Sie den Alkoholkonsum eines anderen Menschen kontrollieren! Es geht vielmehr um den Versuch des Betroffenen, die Kontrolle über sein Trinken wiederzugewinnen und den Alkoholkonsum zu reduzieren. Da hier nicht Abstinenz das Ziel ist, erscheint dieses Angebot vielen zunächst verlockend. Die Bereitschaft Alkoholabhängiger, Kontrolliertes Trinken auszuprobieren, ist deshalb oft größer als die, ein anderes Angebot zu nutzen.

Die Grundlagen des kontrollierten Trinkens klingen zusammengefasst so:

Grundwissen über Alkohol aneignen ▶ Um sich den Stellenwert des eigenen Alkoholkonsums bewusst zu machen, muss man den Alkoholgehalt der gebräuchlichsten Alkoholika ebenso kennen wie unterschiedliche Blutalkoholkonzentrationen oder die Abbaugeschwindigkeit und die negativen Folgen des Alkohols.

Trinkverhalten systematisch protokollieren ▶ Das Trinktagebuch ist absolut grundlegend. Es vermittelt zunächst einen Überblick über das momentane Trinkverhalten: Ab wann wird wie viel von welchen Getränken wie schnell getrunken? Trinkt man allein oder mit anderen? Gibt es bestimmte Trinkmotive wie Arbeitsende, innere Spannungen, Einsamkeitsgefühle? Während des Kontrollierten Trinkens dient das Tagebuch der täglichen Rückmeldung und kontinuierlichen Selbstvergewisserung.

Trinkziele definieren ▶ Legen Sie für die nächste Woche verbindlich fest: Wie viele Getränke sind die tägliche Obergrenze? Wie hoch ist die maximale wöchentliche Trinkmenge? Wie viele Abstinenztage sollen eingelegt werden?

Kontrollstrategien festlegen ▶ Um seine Ziele zu erreichen, sind kontrollierende »Trinkregeln« sehr hilfreich – z.B. »nicht allein trinken«, »vor jedem alkoholischen Getränk ein nichtalkoholisches«, »sich für jedes Glas mindestens eine halbe Stunde Zeit lassen« usw.

Alternativen zum Trinken entwickeln ▶ Wenn die Alkoholmenge reduziert und alkoholfreie Tage eingelegt werden, kann dies häufig zu Ängsten oder Unlustgefühlen führen. Da auch das soziale Umfeld irritiert oder gar alkoholverführerisch reagieren kann, müssen alte Kontrollkompetenzen aktiviert oder neue erworben werden – vor allem, konsequent »Nein« zu sagen. Neben einem Notfallplan für eine alkoholfreie Krisenbewältigung soll man bewusst einen Lebensstil entwickeln, in dem »Lebensfreude ohne Alkohol« erfahren wird: Was ist wirklich wichtig im Leben? Welche Aktivitäten oder Hobbys machen Spaß?

Rückschläge einkalkulieren ▶ Wenn man an manchen Tagen seine Vorgaben verfehlt, ist dies kein Zeichen, dass man für Kontrolliertes Trinken ungeeignet wäre. Wichtig ist, die Ursachen des »Ausrutschers« zu bewältigen und konsequent zu seinen Zielen zurückzukehren.

Es gibt sowohl in der Fachwelt als auch unter den Betroffenen heftigen Streit darüber, ob es einem Alkoholabhängigen möglich ist, jemals in seinem Leben wieder kontrolliert trinken zu können. Der überwiegende Teil der professionellen Suchttherapeuten geht davon aus, dass dies nicht möglich sei, während der »Erfinder« des Kontrollierten Trinkens, Joachim Körkel, durch Nachuntersuchungen seiner Gruppen belegen kann, dass es Menschen mit problematischem Alkoholkonsum geholfen hat, zu einem moderaten Trinken zurückzufinden.

Bei schwer chronisch Abhängigen mit körperlichen und psychischen Folgeschäden ist es auf jeden Fall nicht angeraten, da sind sich sowohl Herr Körkel wie seine Kollegen einig. Da kann nur Abstinenz das Ziel einer Behandlung sein.

Für Sie als Angehörige eines Menschen, der zu viel trinkt, ist es erst mal egal, auf welche Weise Ihr Angehöriger versucht, etwas an seinem Trinkverhalten zu verändern. Alles, was Ihr Angehöriger unternimmt, um sein schädliches Trinken zu stoppen, werden Sie begrüßen. Entscheidend sind Veränderungen zum Guten. Diese sollten spürbar sein.

Veränderungen widerspiegeln und unterstützen

Erinnern Sie sich an die erste Abbildung dieses Buches? (siehe S. 23) Das ihr zugrunde liegende Modell beinhaltet nicht nur die Beschreibung des Weges in die Sucht, sondern auch die des Weges aus der Sucht.

Anhand der folgenden Darstellung (vgl. Kruse u.a. 2013, S. 83) können Sie immer wieder prüfen, wo Sie aktuell stehen.

ZUFRIEDENE ALKOHOLFREIE LEBENSWEISE ÖFFNET DEN WEG ZU EINEM SINNVOLLEN UND SINNERFÜLLTEN LEBEN. ER FÜHRT ÜBER DIE FRÜHEREN MÖGLICHKEITEN HINAUS.

- wieder gemeinsames Tragen von Verantwortung
- Verwirklichung von Wünschen
- Persönlichkeitsentwicklung
- langsamer Aufbau erträglicher Familienverhältnisse
- Gespräche über eine gemeinsame Zukunft
- gemeinsamer Besuch einer Selbsthilfe- / Abstinenzgruppe
- behutsames Aufeinander-Zugehen, Überwindung sexueller Frustration
- Aufbau einer neuen, gemeinsamen Lebensführung beginnt

Readaptionszeit

MITBETROFFENER

- Bemerken, dass die Stimmungslage der Familie nicht unbedingt dem Alkoholabhängigen unterworfen werden muss
- Aggressivität gegenüber dem Angehörigen, der (wieder) mehr und mehr selbstständig wird
- seelischer und körperlicher Zusammenbruch sind möglich
- der eigene Umgang mit Alkohol wird zum Problem
- Kompetenzschwierigkeiten in der Familie und Konflikte wegen neuer Rollen
- Anerkennung für Durchgestandenes wird erwartet
- Lob für Abstinenzleistung des Partners wird als Kränkung empfunden
- irritiert durch Unverständnis der Umwelt
- Misstrauen gegenüber dem Angehörigen
- Erkennen der eigenen Rolle
- Gruppenbesuch ohne Überzeugung
- Suche nach Ansprechpartnern
- Spannung lässt nicht nach
- Zweifel am Therapieerfolg, Eifersucht auf den Therapeuten
- abwartende Haltung, Trennungsgedanken halten an
- keiner versteht, dass man noch zu dem Abhängigen steht

ABHÄNGIGER

- Schritte zur wirtschaftlichen Stabilisierung werden unternommen
- Ideale entstehen neu
- Verantwortung wird wieder übernommen
- Kreis beständiger Freundschaften bildet sich
- frühere und neue Interessen werden geweckt
- positiveres Körpergefühl, natürliche Entspannung und Schlaf
- Einstellung auf die Bedürfnisse der Familie und des Partners
- Selbstachtung kehrt langsam zurück
- Gefährdung durch mangelnde Gemeinsamkeit der Partner
- Angst vor der Zukunft nimmt ab
- Möglichkeit der neuen Lebensweise wird anerkannt
- Anschluss an eine Selbsthilfe- / Abstinenzgruppe
- Beginn neuer Hoffnung, Aufarbeitung von Defiziten, Bestandsaufnahme
- das richtige Denken beginnt wieder, es besteht der erklärte Wunsch nach Hilfe
- Beginn der Abstinenz / Einleitung von Therapiemaßnahmen
- Besuch einer Gruppe / Beratungsstelle

Labilitätszeit

Aufhellungszeit

Spiegeln Sie Ihrem Angehörigen immer wieder, wo Sie ihn sehen. Wenn er z.B. Kontrolliertes Trinken ausprobiert und es nicht funktioniert, sollte das ein Anstoss sein, etwas anderes zu versuchen. Das wäre dann auch die Gelegenheit, Abstinenz als Ziel einzuführen und auf Entgiftung und Entwöhnung zu drängen. Oder: Klappt die ambulante Entgiftung und Entwöhnung nicht, muss die stationäre ins Auge gefasst werden.

Auch hier ist es wieder wichtig, eigene Grenzen zu setzen, sprich, klar zu formulieren, wie viele Versuche Sie mitmachen, wie viel sich verändern muss, damit Sie bleiben, was Ihre Belastungsgrenze ist. Und – man kann es nicht oft genug sagen: Verhalten Sie sich konsequent!

Das heißt aber nicht nur, den Angehörigen mit Misserfolgen zu konfrontieren, sondern auch Erfolge und Fortschritte anzuerkennen. Vergessen Sie nicht, ihn und sich zu belohnen, indem Sie z.B. etwas mit ihm unternehmen. Vom gemeinsamen Opernbesuch bis zum gemütlichen Fernsehabend steht Ihnen eine ganze Palette von Möglichkeiten offen. Es muss ja nicht ein Besuch auf dem Fußballplatz sein, wenn Sie Fußball langweilig finden. Schlagen Sie etwas vor, dass Ihnen beiden Freude macht.

Wenn das Trinken nicht aufhört

Man hat mich gelehrt, dass Fortschritt niemals rasch und niemals leicht zu erreichen ist.
Marie Curie

Sie haben nun unser ausgefeiltes Suchthilfesystem kennengelernt. Bei so vielen Angeboten sollte man eigentlich davon ausgehen, dass auch für Ihren Angehörigen die richtige Hilfe dabei ist. Es gibt aber keine Garantie, dass er sie nutzt, und natürlich kann es auch sein, dass er schlechte Erfahrungen macht und resigniert – und Sie auch.

Es wäre unrealistisch, die Tatsache zu ignorieren, dass es Menschen gibt, die den Weg aus der Sucht nicht schaffen und die sich im wahrsten Sinne des Wortes zu Tode trinken. Dann haben Sie als Angehöriger nur noch die Wahl, zuzusehen oder wegzugehen. In der Fachwelt geht man davon aus, dass ca. 50% der Abhängigen es schaffen, langfristig abstinent zu leben. Was natürlich bedeutet, dass die andere Hälfte es nicht schafft.

Dieser Prozess des Niedergangs kann sich über mehrere Jahre hinziehen. Der körperliche und geistige Verfall ist schleichend und lange Zeit können die Folgeerkrankungen auch ausheilen. Doch irgendwann machen die Leber, die Bauchspeicheldrüse und das Herz nicht mehr mit. Die fortwährende Vernachlässigung von fester Nahrung tut ihr Übriges. Wenn das Gehirn geschädigt ist, verliert der Mensch auch die Fähigkeit zur Selbstfürsorge. Vor diesem Schicksal bewahrt einen auch nicht die genaue Kenntnis der Alkoholkrankheit und des Hilfesystems:

Eine Bekannte, eine gelernte Sozialarbeiterin, hat viele Jahre gute Arbeit in einem Jugendamt geleistet. Dabei wurden auch Familien mit Suchtproblemen von ihr beraten und dies sehr qualifiziert. Sie war eine warmherzige, humorvolle und disziplinierte Frau, immer gepflegt und jederzeit hilfsbereit. Ihre kleine Wohnung, die sie nach ihrer Scheidung und dem Auszug ihres erwachsenen Sohnes mit ihren zwei Katzen teilte, war liebevoll eingerichtet und wir haben dort einige schöne Feste gefeiert.

Allerdings hatte ich zwischendurch immer wieder den Verdacht, dass ihr Trinken sich von meinem und dem ihrer Freunde unterschied, sagte aber nichts, bis ihr Sohn mich bat, ein ernsthaftes Gespräch mit ihr über ihr Trinkverhalten zu führen. Dies tat ich und daraufhin brach sie den Kontakt zu mir ab. Andere Freunde und Bekannte hatten sich schon lange vorher abgewendet. Ihre Arbeit hatte sie aufgegeben. Und so hätte sie sich langsam, aber sicher ihrem Tod entgegen getrunken, wenn nicht die Nachbarn irgendwann eingegriffen hätten, weil es so penetrant aus der Wohnung roch.

Sie riefen den psychiatrischen Dienst des Gesundheitsamtes an und meine Bekannte wurde aufgrund ihrer fortgeschrittenen Alkoholerkrankung und akuten Selbstgefährdung zwangsweise in eine Klinik eingewiesen und von dort mit einem Korsakow-Syndrom, einer schweren Gehirnschädigung, in ein Wohnheim verlegt.

Nach der Zwangseinweisung habe ich dem Sohn geholfen, die Wohnung auszuräumen. Die früher so gemütliche Wohnung war zu einem Ort des Grauens geworden und das ist eher untertrieben. Wir fanden zwei klägliche, halbverhungerte Katzen, die überall ihre Notdurft zwischen den Batterien leerer Wein- und Schnapsflaschen verrichtet hatten und Berge vergammelter Pizzas, die ihr Übriges zur penetranten Geruchsverbreitung leisteten. Unvorstellbar, dass hier jemand monatelang »gelebt« hatte.

Seien Sie sich also darüber im Klaren, dass es bei einer Alkoholabhängigkeit einen sogenannten »Point of no return« gibt, einen Punkt, an dem es keine Rückkehr zu einem gesunden Leben gibt.

Viele Dinge lassen sich durch Abstinenz rückgängig machen und zwar in allen Bereichen – körperliche, seelische, geistige und soziale Folgen einer Alkoholabhängigkeit können aufgehoben oder doch stark gemindert werden. Die Erlebnisberichte von trockenen Alkoholikern sind bewegend und klingen mitunter wie ein Märchen. Aber die Menschen, die dieser Krankheit zum Opfer gefallen sind, erzählen keine bewegenden Geschichten mehr – auch mein Mann ist an einer Leberzirrhose verstorben, noch vor seinem fünfzigsten Geburtstag.

Wie die Geschichte Ihres Angehörigen ausgeht, können Sie nicht wissen, Ihre Chancen stehen ungefähr fifty fifty. Das ist nicht so schlecht, um gleich aufzugeben. Wenn Sie noch wissen, was Sie an Ihrem nüchternen Angehörigen mal geschätzt haben, werden Sie wahrscheinlich zuerst mal versuchen, ihn zu unterstützen.

Gleichwohl, wenn Sie sich entschlossen haben, ihn auf seinem Weg aus der Sucht zu begleiten, müssen Sie der Tatsache ins Gesicht sehen, dass dies kein leichter Weg ist und wahrscheinlich von Rückschlägen begleitet sein wird. Sie wissen ja vermutlich von sich selbst, wie schwer es ist, Ihren Alltag zu ändern, Gewohnheiten aufzugeben; ungleich schwerer ist es, von einer Sucht loszukommen. Zu erwarten, dass Ihr Angehöriger sein Ziel, weniger oder gar nichts mehr zu trinken, direkt umsetzen kann, ist unrealistisch.

Zu jeder Erkrankung gehört es natürlich auch, dass es Rückschläge gibt. Dies gilt für Menschen mit einer Diabetes-Erkrankung genauso wie für einen Alkoholabhängigen.

Nun ist diese Aussage zwar fachlich korrekt, aber kaum geeignet, Ihnen Ihre Sorgen zu nehmen. Ein Rückfall erinnert unweigerlich an die großartigen Versprechen aus der Vergangenheit, mit dem Trinken aufzuhören, die alle nicht eingelöst wurden. Wenn Sie also panisch werden bei der Vorstellung, dass alles wieder von vorne losgeht, so ist das nur zu verständlich (vgl. die Geschichte von Anne, »Immer wieder diese Angst«). Dennoch muss ein Rückfall keine Katastrophe sein.

Im günstigsten Fall ist der Rückfall ein Lernfall, an dem sich die Bedingungen für das Trinken zeigen und damit auch deutlich wird, welche Gegenmaßnahmen sinnvoll sind.

Die Rückfallverläufe können sehr unterschiedlich sein. Aus irgendeinem Grund lässt jemand nicht das berühmte »erste Glas« stehen, sondern trinkt es. Er möchte vielleicht nur ausprobieren, ob es noch schmeckt, und stellt sich vor, dass er nach längerer Zeit der Abstinenz doch ab und zu wieder Alkohol trinken kann. Aber es gelingt ihm nicht, es bei dem einen Glas zu lassen, er trinkt sofort wieder bis zum Kontrollverlust und das Trinken ist noch schlimmer als vor der Abstinenz. Von diesem Phänomen berichten viele trockene Alkoholiker, die genau dies leidvoll erfahren haben und deshalb sehr emotional auf das Thema »kontrolliertes Trinken« reagieren.

Es gibt aber durchaus auch jene, denen zu Beginn mäßiges Trinken möglich ist, mitunter über Wochen und Monate, die dann aber doch irgendwann wieder in die alten Muster zurückfallen. Hier spricht man von einem »schleichenden« Rückfall.

In einigen Fällen wird tatsächlich nur einmalig wieder Alkohol getrunken, aufgrund belastender oder hocherfreulicher Lebensumstände. Dann ist der Rückfall lediglich als Ausrutscher zu werten.

Sie können natürlich zu Beginn eines Rückfalls nicht wissen, ob es sich um einen schleichenden Rückfall oder einen Ausrutscher handelt. Möglichweiser ist es tatsächlich ein einmaliger Vorfall und keine Katastrophe. Trotzdem fühlt es sich für Sie wahrscheinlich wie eine an. Der Gedanke, dass jetzt alles wieder von vorne losgeht, ist schlicht unerträglich. Also werden Sie jeden Rückfall und mögliche Frühwarnzeichen ernst nehmen.

Frühwarnzeichen

Die meisten Rückfälle ereignen sich innerhalb des ersten Jahres nach einer Entwöhnungsbehandlung, der größte Teil bereits im ersten Vierteljahr. In dieser Zeit sollte man also besonders aufmerksam sein, ohne dies als Aufforderung zum Kontrollieren von Trinkverhalten und potenziellen Flaschendepots aufzufassen. Wichtig ist es, die seelische Verfassung des Betroffenen wahrzunehmen und gegebenenfalls anzusprechen.

Es sind nämlich in aller Regel keine schweren Schicksalsschläge und schlimme Krisensituationen, die zu einem Rückfall führen – auch nicht die Überredungskünste anderer Menschen, Streit oder Willensschwäche. Da Alkohol einen so wirksamen Einfluss auf unsere Gefühle hat und diese so lebensbestimmend sind, sind es meistens negative Gefühle, die einem Rückfall herbeiführen: Ärger, Traurigkeit, Einsamkeit, Angst, Gereiztheit,

Gekränktsein, Stimmungsschwankungen aus dem »Nichts«, Leere, Anspannung.

Häufiger als auf Feiern oder in Kneipen geschehen Rückfälle zu Hause. Und wenn Sie die Aufzählung dieser unangenehmen Gefühle lesen, bekommen Sie vielleicht eine Ahnung davon, wie wohltuend es sein mag, sie wegzuzaubern. Vor allem, wenn Sie genau dies viele Jahre so gemacht haben.

Betroffene gehen sogar so weit, dass sie den Zustand chronischer Unzufriedenheit als »Trockenrausch« bezeichnen und bei spezifischen Verhaltensweisen dementsprechend von einem »trockenen« Rückfall sprechen, der ihnen als Warnsignal für einen drohenden »nassen« Rückfall gilt.

Nach Meinung der AA deuten die folgenden Merkmale auf einen Rückfall hin:

Großspuriges Benehmen ▶ Jemand überschätzt seine Fähigkeiten und seine Mittel, er versucht fortlaufend auf Kosten anderer Eindruck zu schinden. Eng damit verbunden ist eine Neigung zu oft völlig überflüssigen kleinen Lügen und Unehrlichkeiten.

Strenge und schnelle Urteile ▶ Die voreilige Bewertung vieler Dinge in »gut« und »böse« ist gepaart mit einem Hang zum Perfektionismus.

Ungeduld und Maßlosigkeit ▶ Es wird für die eigenen Bemühungen eine sofortige Belohnung erwartet, bleibt diese aus, folgen Zorn oder Niedergeschlagenheit. Maßlosigkeit kann sich z.B. auch beim Essen, Arbeiten oder Sport zeigen.

Beleidigt sein, sich ungerecht behandelt fühlen ▶ Die erwartete hohe Beachtung fällt aus und führt zu tiefverletzten Reaktionen. Die Mitmenschen bekommen schnell Schuldgefühle und ärgern sich.

Es erscheint einleuchtend, dass ein Mensch, der sich anhaltend in so unangenehmen Gefühlszuständen befindet, irgendwann wieder zu dem »Allheilmittel« greift, das ihm schon so oft zur Seite stand, wenn es darum ging, seine Gefühle positiv zu beeinflussen.

Die Unzufriedenheit weist darauf hin, dass eine tiefgreifende Veränderung des Alltags (noch) nicht stattgefunden hat. Aber nur, wer auch ohne Alkohol ein zufriedenes Leben führen kann, kann dauerhaft ohne Alkohol leben. Es kommt also für den Betroffenen darauf an, herauszufinden, wie ein zufriedenes Leben für ihn aussehen sollte und was er dafür tun kann, damit es Wirklichkeit wird.

In jeder Entwöhnungstherapie wird heutzutage in diesem Sinne mit Rückfällen »gearbeitet«. Zum Glück wird auch in Suchtkliniken bei einem Rückfall nicht sofort die Entlassung veranlasst, wenn der Patient wieder getrunken hat, so wie es früher war. Allerdings wird ein ehrlicher Umgang mit dem Geschehen erwartet und der Patient ist einem erheblichen Druck ausgesetzt, seinen Rückfall öffentlich zu machen und zu bearbeiten. Dies kann eine gute Chance bedeuten, noch während der beschützten Atmosphäre einer Klinik herauszufinden, was die größten Rückfallgefährdungen sind. Bei einer Verheimlichung des »Wiedertrinkens« erfolgt allerdings bei Entdeckung auch heute noch in der Regel die sofortige Entlassung.

Als mein Mann nach einer fünfmonatigen Entwöhnungsbehandlung nach kurzer Zeit wieder trank, genehmigte der Rententräger ziemlich kurzfristig eine Anschlussbehandlung für weitere vier Monate, sinnvollerweise in derselben Klinik. Dass er während dieser Behandlung häufig zu Hause war, wusste dort niemand und ich war viel zu eingeschüchtert, um mich dagegen zu wehren. Als einer der Söhne an einem Nachmittag panisch erzählte, dass er gesehen habe, dass Papa Bier getrunken hätte, war meine Angst vor dem Rausschmiss aus der Klinik viel zu groß, als dass ich das öffentlich gemacht hätte. Zu riesig war die Panik, das Entsetzen und die Angst vor den damit verbundenen Konsequenzen: Verlust des Arbeitsplatzes und der damit verbundene Verlust des Hauses.

Ihnen mitgeben möchte ich damit, auch hier nicht aus falscher Solidarität zu schweigen. Sie sollten nicht an Wunder glauben, wenn Ihr Angehöriger endlich da angekommen ist, wo Sie ihn vielleicht schon lange haben wollten. Es gilt weiter, die Augen offen zu halten, Veränderungen wahrzunehmen und widerzuspiegeln, denn auch Sie selbst können rückfällig werden, d.h. in alte co-abhängige Verhaltensmuster zurückfallen. Auch hierfür gibt es Frühwarnzeichen.

Warnzeichen für Mitbetroffene

- **Aufweichen der eigenen Tagesstrukturen:** Ich lasse mich stark von äußeren Einflüssen aus meiner Tagesroutine bringen und komme nicht mehr zu den »guten Vorsätzen«, die für meine seelische Gesundheit wichtig sind.
- **Vernachlässigung der eigenen Person:** Ich sorge wieder zuerst für andere. Die »kleinen Freuden« für mich selbst fallen immer häufiger weg.
- **Vernachlässigung der sozialen Kontakte:** Meine Freunde und Bekannte werden mir wieder unwichtiger; Einladungen oder erwartete telefonische Rückrufe fallen mehr und mehr unter den Tisch.
- **Erziehungsprobleme:** Grenzen für die Kinder werden von mir plötzlich zu frei oder zu rigide abgesteckt, wodurch häufig Streit und Desorientierung entstehen.
- **Verlust klarer Prioritäten:** Ich reagiere oft konfus und spon-

tan auf äußere Einflüsse, während wichtige Dinge unerledigt bleiben.

- **Kontrollbedürfnis:** Ich versuche, nicht nur meine Familie, sondern auch andere Menschen und Situationen wieder verstärkt zu kontrollieren.

Diese Verhaltensweisen fordern auch körperlich ihren Tribut. Dauermüdigkeit, Schlaf- und Essstörungen bis hin zu Angst- und Panikattacken treten wieder auf, das alte Gefühl der Erschöpfung und der Hilflosigkeit macht sich wieder breit.

Sollten Sie mehrere dieser Warnzeichen bei sich feststellen, kehren Sie zurück zu den Ihnen vertrauten hilfreichen Schritten – wahrnehmen was ist, Verantwortung übernehmen, Wahlmöglichkeit erkennen, Grenzen setzen und sich Hilfe und Unterstützung holen. (s. das Kapitel »Was kann ich tun?«)

Immer diese Angst – Annes Erfahrungen

ANNE, 54, BUCHHÄNDLERIN, VERHEIRATET MIT WOLFGANG, MIT DEM SIE SEIT 33 JAHREN ZUSAMMENLEBT ■ Als ich Wolfgang kennenlernte, war ich 20 und lebte in der Altstadt. Wir waren viel zusammen mit Freunden und alle haben getrunken. Ich konnte nicht viel vertragen, jedenfalls nicht diese Massen wie die anderen, Wolfgang schon. Aber er war nicht betrunken. Jedenfalls ist mir nichts aufgefallen. Das hab ich nie so empfunden.

Nach einem Jahr zog er zu mir in die Wohnung. Dann fingen so Phasen an, die mir unerklärlich waren. Er kam einfach nachts nicht nach Hause. Damit konnte ich nicht umgehen. Ich hab auf ihn gewartet und gewartet.

Da hab ich mir Gedanken gemacht, dass da was nicht stimmt, dass so ein Verhalten nicht normal ist. Ich hab ihn dann darauf angesprochen, auch auf das viele Trinken. Ich bin nämlich dahintergekommen, dass er am nächsten Tag nicht zur Arbeit ging.

Die ersten Streitereien fingen deswegen an.

Bestimmt hatte er das früher auch schon so gemacht, er hat sich wahrscheinlich nur zusammengerissen, als wir zusammen waren, und jetzt ging es eben wieder los.

Im Druckereigewerbe wurde immer viel gesoffen, aber das war dann da doch zu viel. Er ist gekündigt worden wegen des Trinkens. Bei uns wurde es dann auch finanziell eng, als er seinen Job verloren hat.

Er hat dann selbst gedacht, dass vielleicht irgendwas nicht stimmt und ist auf Empfehlung eines Freundes zu den AA gegangen. Einmal bin ich auch mitgegangen und ich fand es schrecklich! Furchtbar, die Leute da und wie die geredet haben und diese Selbstbezichtigungen! Was sollte das helfen? Ich fand das abstoßend, wie die da alle ihre Jammergeschichten erzählten.

Wir sind dann umgezogen, weg aus der Altstadt, weil ich dachte, wenn wir nur hier aus der Umgebung weg sind und die Versuchungen wegfallen, dann wird alles wieder gut. Aber das stimmte nicht, es ging trotzdem weiter mit dem Trinken. Trotz AA kamen immer wieder so Saufphasen. Einmal war er eine ganze Woche verschwunden, ich hab gedacht, ich werde wahnsinnig vor Sorge! Hab die Polizei angerufen, Vermisstenanzeige gemacht. Dabei war er mit irgendeiner Tante unterwegs, munter saufend! Da hab ich gewusst: » Ich kann nicht mehr! « Da gingen nämlich der Krach und die blöden Diskussionen wieder los und das wollte ich nicht mehr. Immer diese Streitereien, nein, mir hat das gereicht. Ich wollte gucken, ob ich alleine leben kann.

Aber dann saß ich in meiner Wohnung und dachte ständig an ihn. Ob er wohl zur Arbeit geht, wie es ihm geht. Also kam ich dauernd mit irgendwelchen dämlichen Vorwänden an und guckte nach ihm. Hab ihn auch morgens angerufen und hatte ständig irgendwas in der Wohnung zu tun.

Wolfgang hat dann den Punkt gefunden und gesagt, dass er so nicht mehr weitermachen wollte. Durch diesen Druck, dass ich weg war, wurde ihm wohl klar, dass er nicht wollte, dass ich wegblieb. Er sagte: » Es ist mir wichtig, dass du wieder kommst. Ich mach jetzt was! «

Wolfgang hat dann bei den AA jemanden kennengelernt, der ihm einen Arzt empfohlen hat. Er ist dann zu dem Dr. L. in die Praxis und hat dort eine Sprechstundenhilfe kennengelernt, mit der wir uns beide angefreundet haben. Die hatte eine trinkende Mutter und viel Verständnis. Sie war ein paar Jahre jünger als ich und die war dann ein großer Halt für Wolfgang.

Die war ein bisschen wie eine Schwester für ihn. Sie hat auch hier bei uns übernachtet, ist sogar mit uns in Urlaub gefahren. Manchmal hatte ich Angst, dass die was miteinander hatten, was aber nicht war. Durch sie hatte er einfach eine Stütze in dieser Praxis und ist ohne Angst dorthin gegangen, weil er einen guten Halt in ihr hatte.

Er hatte auch sofort einen tollen Draht zu Dr. L.

Einmal bin ich mitgegangen und der Arzt hat mir angeboten, auch eine Gesprächstherapie zu machen oder eine Gruppentherapie. Der Arzt hat zu mir gesagt: »Sie müssen auf sich achten! Sie müssen dafür sorgen, dass es Ihnen gut geht! Ihr Mann muss selbst raus wollen. Sie können da nicht viel tun. Er muss sich entscheiden, nicht mehr zu trinken!« Ich wollte aber keine Therapie, nur ab und zu etwas Unterstützung. Und was Gruppe betraf, reichte mir mein Erlebnis bei den AA.

Dann hat Wolfgang seinen ersten Entzug hier zu Hause gemacht. Das war schrecklich, die Hölle! Er hatte zwar kein Delir oder so, aber es war auch so schlimm genug. Er war unruhig, zitterig, hat nicht geschlafen. Auf seine Bitte hab ich sogar die Wohnung abgeschlossen. Das war der reinste Horror! Ich war nur hier und hab nichts weiter gemacht, war einfach nur hier.

Nachdem er das durchgestanden hat, hat ihn Dr. L. sogar zur Entziehungskur gefahren. Dort ist er ungefähr sechs Wochen geblieben und ist von Dr. L. auch wieder abgeholt worden. Ich hab ihn da einmal besucht, das war komisch. Ich war aber auch noch ziemlich jung, Mitte 20, ich hab nicht viel verstanden von den ganzen Sachen, die da besprochen wurden.

In der Therapie hat Wolfgang jemanden kennengelernt, der ihm einen Job besorgt hat. Das war ganz schön hart für den Anfang, mit Wechselschichten und Nachtschichten.

Sein Chef hat dann ziemlich bald einen Rückfall gehabt und Wolfgang mit ihm. Nur: Bei dem Chef fiel das nicht so auf, weil der genug Geld hatte.

Das war grauenvoll! Ich war so entsetzt und frustriert: »Jetzt geht die ganze Scheiße wieder von vorne los!« Ich hatte schreckliche Angst und wusste auch nicht mehr weiter!

Ein alter Freund hat mir dann geraten: »Anne, sorg dafür, dass du ein eigenes Zimmer hier in der Wohnung hast. Du brauchst Abstand und musst dafür sorgen, dass du das nicht so mitbekommst! Du musst die Tür zumachen können!«

Das hab ich auch gemacht. Ich habe Wolfgang gesagt, dass ich nicht noch eine Nacht mit Fahne ertragen würde. Dass ich ihm das so knallhart sagen konnte und auch wahr gemacht habe, das hat ihm total zu schaffen gemacht. Der Rückfall hat nur so ein paar Tage gedauert und dann ist er selbst wieder zum Arzt und hat mit ihm geredet.

Dann ging es eine ganze Zeit gut, bestimmt ein Jahr! Ich war aber immer schon morgens unruhig und hatte immer diese Scheißangst. Geht er überhaupt zur Arbeit? Geht es wieder los?

Ich hätte gerne kontrolliert. Wenn Licht war, war ich glücklich, wenn nicht, sackte mir das Herz in die Hose. Dann war er wieder unterwegs! Das war grauenvoll! Wenn er nur eine halbe Stunde später kam, war ich schon nervlich am Boden!

Da musste ich schon aufpassen, dass ich nicht aggressiv wurde. Dann kam so ein Tagesrückfall. Der Arzt sagte, dass das passieren kann. Er hat mir gesagt: »Wenn Sie mit ihm zusammenbleiben wollen, versuchen Sie, so einen Tagesrückfall nicht allzu ernst zu nehmen. In dieser Phase ist er schon ein bisschen mehr gefestigt. Er kommt ja von selbst wieder zu mir und hört dann auch sofort wieder auf.«

Doch wie sollte ich das aushalten, immer diese ständige Angst!

Bei dem nächsten Rückfall hatte Wolfgang diesen schrecklichen Unfall. Da ist er betrunken mit der Hand in eine Maschine gekommen. Im Krankenhaus war er durch den Alkohol auf der Kippe, sogar das EKG hat versagt.

Da war für mich der Punkt gekommen – ich war innerlich eiskalt! Ich hatte Mitleid, dass er die Finger ab hatte. Aber in mir war so was: »Ich kann nicht mehr. Ich helfe ihm noch, dass er da wieder rauskommt. Aber dann bin ich weg.« Plötzlich habe ich alles mit Distanz gesehen. Ich wusste, das kann ich alles nicht mehr, das will ich auch alles nicht mehr! Ich hatte nur noch Angst! Nichts als Angst! Was kommt da auf mich zu?

Als dieser Unfall war, kam meine Mutter, weil ich nicht mehr wusste, was tun. Da hab ich ihr endlich die Wahrheit gesagt über Wolfgangs Trinken. Ich war es so leid, immer diese Lügen, dieses Decken und Ausredenerfinden! Ich wollte nicht mehr ewig diese Schutzfunktionen übernehmen. Das kostete so viel Energie.

Meine Mutter hat sich ganz toll verhalten und zu Wolfgang gesagt, als er wieder klar im Kopf war: »Wenn du das brauchst, ab und zu nur einen Tag zu trinken, dann mach das, aber dann trenn dich von meiner Tochter. Ihr könnt ja Freunde bleiben, aber du siehst doch, dass sie damit nicht klar kommt und das nicht aushält! Trennt euch besser!«

Auch Dr. L. hat mich sehr in meinem Selbstschutz bestärkt. Er hat mir immer wieder gesagt, dass ich keine Verantwortung für Wolfgangs Trinken habe. Auch nicht für den Rückfall und schon gar nicht für den Unfall.

Ich bin dann doch bei ihm geblieben, schließlich hab ich ihn geliebt. Und wenn er trocken war, hatten wir supergute Zeiten! Nur wenn die Sauferei wieder losging, war es einfach furchtbar! Ich habe ihm aber ganz klar gesagt, dass ich weg bin, wenn er noch mal einen Rückfall baut.

Wolfgang ist dann wieder in Therapie zu Dr. L. gegangen. Er war lange krankgeschrieben und als er wieder angefangen hat zu arbeiten, hat er seinem neuen Chef gesagt, dass er keinen Alkohol mehr trinken darf. Dort ist er dann geblieben bis zu seiner Rente.

Einen einzigen Rückfall hat er noch mal gehabt, da hat er selbst einen Freund angerufen und um Hilfe gebeten. Der hat mich angerufen und gesagt, er bringt ihn mir jetzt nach Hause. Hat er auch gemacht, Wolfgang hat sich ins Bett gelegt und das war es dann.

Seitdem hat er nie mehr getrunken. Das ist jetzt 25 Jahre her. Aber ich hatte immer und immer dieses Scheißgefühl! Jahre, Jahre, Jahre hatte ich diese Angst. Wenn er nach Hause kam, hab ich immer erst gerochen, ob er was getrunken hat!

Das geht im Grunde bis heute. Bei bestimmten Situationen wie mit einem Obstsalat oder so, bin ich unruhig, wenn er mal aus Versehen irgendwas isst, wo Alkohol drin ist, werd ich aufmerksam. Das kann ich nicht haben. Ganz angstfrei bin ich immer noch nicht. Ich hab aber gelernt, ihm zu vertrauen. Das hat aber bestimmt zehn Jahre gedauert.

In den ersten Jahren gab es bei uns keinen Alkohol. Auch bei den paar Freunden nicht, die uns damals geblieben waren. Es gab einige, die das nicht verstanden und ihn drängten, er solle sich doch nicht so anstellen und mal ein Bier trinken! Das waren aber die, die selbst an der Flasche hingen. Die Freunde, die uns blieben, achteten darauf, dass Wolfgang keinen Alkohol bekam. Die haben ihn ganz selbstverständlich unterstützt darin.

In den letzten Jahren ist es auch möglich, dass wir Gästen auch mal einen Wein anbieten. Das hat Wolfgang irgendwann so beschlossen, da war er aber bestimmt schon zehn Jahre trocken. Ganz ganz lange haben wir konsequent alkoholfrei gelebt, ich auch. Auch das Kochen war konsequent ohne Alkohol. Noch nicht mal Weinessig oder so. Da sind wir heute etwas lockerer.

Für mich war das kein Problem, weil ich das ja auch nicht von zu Hause kannte. Bei Wolfgangs Eltern war es anders, denn der Vater trank regelmäßig. Aber die haben das dann auch akzeptiert, obwohl sie es nicht verstanden haben.

Ich habe auch nie in seiner Gegenwart getrunken. Wenn wir nach Frankreich gefahren sind, hab ich schon mal bei Freunden ein Glas Wein getrunken. Aber nie zu Hause, obwohl das im Grunde keine Rolle spielte. Wolfgang hätte sich ja sowieso nie in meiner Gegenwart betrunken. Er ist ja immer raus gegangen zum Trinken, zu Hause hat er nicht getrunken.

Geholfen hat mir wirklich dieser Arzt, weil er mir so viel erklärt hat und mir Mut gemacht hat, einfach durch seine Art. Auch sein Team war sehr unterstützend.

Wenn ich ihn später mal traf, freute er sich immer zu hören, dass Wolfgang noch trocken ist.

Ein wichtiger Schritt war auch, dass wir nach vielen Jahren beschlossen haben zu heiraten. Ein Kunde hat mal gesagt:

»Wenn Sie ihn heiraten, wird er für immer stabil bleiben, Sie sind so wichtig für ihn! Das wird ihm einen wahnsinnigen Halt geben.«

Aber auch für mich war das noch mal ein ganz wichtiger Schritt. Für mich bedeutete dass, ich stehe endgültig zu Wolfgang.

Das heißt nicht, dass die Angst ganz verschwunden ist. Dazu hat sie einfach zu tief gesessen. In seiner AA-Gruppe gab es so viele Leute, die ständig Rückfälle hatten. Einer seiner besten Freunde hat sich nach einem Rückfall das Leben genommen.

Ach, das war alles so schrecklich!

Meine Chefin hat mal gesagt, sie versteht nicht, wie ich das alles ausgehalten habe! Die hatte nämlich einen Bruder, der alkoholkrank war, deswegen wusste sie, was das bedeutet.

Heute versteh ich nicht, wie ich meinen Job geschafft habe. Es hat mich so viel Kraft gekostet. Wenn ich abends nach Hause kam, hab ich hier gesessen und geheult. Bis ich kapiert hab, dass es egal ist, mit wem er zusammen ist, hab ich gedacht, ich muss es schaffen, ihn vom Trinken abzuhalten. Aber erst als seine Bereitschaft da war, selbst aufhören zu wollen, da konnte ich ihn unterstützen.

Wenn ich an diese ganzen Gefühle zurückdenke, dann schaudert es mich. Ich möchte so was nie, nie, nie mehr in meinem Leben haben! Dieses Gefühl, dieser Krampf. Diese Panik! Dieses Flattern! Diese schreckliche Angst! ■

Gehen oder Bleiben?

Die wahre Freiheit des Menschen liegt nicht darin, dass er tun kann, was er will, sondern dass er nicht tun muss, was er nicht will.
Jean Jacques Rousseau

Dies ist bei vielen Partnern von Abhängigen die zentrale Frage, um die sich alles dreht. Manchmal kreisen die Gedanken im wahrsten Sinne des Wortes nur noch darum. Und vielleicht haben Sie diesen Ratgeber auch in der Hoffnung gekauft, hier eine Antwort auf diese Frage zu finden. Tief in Ihrem Innersten wissen Sie meine Antwort schon: Natürlich kann es nur Ihre ganz eigene geben.

Leider ist es das Fatale bei allen Entscheidungen, dass, wann immer Sie sich für etwas entscheiden, Sie sich gleichzeitig auch gegen etwas entscheiden.

Ich weiß nicht, ob es bei Sucht eine richtige Entscheidung gibt, eine richtige im Hinblick auf das Trinken eines anderen Menschen. Es gibt viele trockene Alkoholiker, die sagen, ohne die Unterstützung ihres Partners hätten sie es nicht geschafft. Das wird so sein, daraus kann aber nicht folgen, dass auch Sie bei Ihrem Partner bleiben müssen.

Sie wissen ja schon, Sie müssen für Ihr Leben eine Entscheidung treffen, nicht für das Leben Ihres Partners. Sie müssen herausfinden, was Sie mittragen wollen und können und was Ihre Lebenssituation verbessern kann.

Überlegen Sie noch, welcher Schritt den anderen dazu bringen kann, endlich mit dem Trinken aufzuhören oder sich Hilfe zu holen, sind Sie auf dem Holzweg. Selbstverständlich wird Ihre Entscheidung bei Ihrem Partner etwas bewirken, aber was – darauf haben Sie keinen Einfluss. Wenn Sie bleiben, dann sollten Sie nicht bleiben, weil Sie glauben, bleiben zu müssen, sondern weil Sie es wollen. Und wollen Sie es nicht, gehen Sie! Nicht weil der Partner Sie dazu zwingt, sondern weil Sie diese Entscheidung treffen.

Sie können sich für Ihre Entscheidung Rat und Unterstützung bei Freunden, Kollegen, Therapeuten oder Ärzten holen. Bestimmt beleuchten sie Aspekte, an die Sie noch nicht gedacht haben, und es ist gut, wenn Sie alle Aspekte berücksichtigen und abwägen. Entscheiden müssen Sie aber selbst.

Doch wie können Sie sich nun einer Entscheidung nähern?

Wie fühlt sich die Entscheidung an?

Schon Sigmund Freud bezeichnete Denken als »Probehandeln«. Und damit werden wir uns jetzt beschäftigen. Ich möchte Sie bitten, sich nur zur Übung innerlich für einen Weg zu entscheiden, diese Entscheidung aber noch niemandem mitzuteilen.

Bleiben ▶ Nehmen wir zunächst die Entscheidung für das Bleiben. Sie haben gute Gründe, sich so zu entscheiden. Doch wie sehen diese genau aus? Was hält Sie?

- Sind es die Kinder, denen Sie auf keinen Fall den Vater nehmen wollen?
- Sind es die drückenden Schulden, die Sie nur gemeinsam bewältigen können?
- Ist es die tiefe Liebe oder Zuneigung, die Sie immer noch für Ihren Partner empfinden?

- Ist es Mitleid, weil Sie Ihren Partner so hilflos und krank erleben?
- Ist es Ihr Versprechen, dass Sie gegeben haben, als Sie sich für ihn entschieden haben?
- Ist es die Scham, versagt zu haben, gescheitert zu sein?
- Ist es die Angst, wie um alles in der Welt Sie es schaffen sollen, allein mit allem zurechtzukommen?
- Ist es Ihr Stolz, der niemals zugeben würde, dass Ihre Partnerschaft nicht funktioniert?
- Ist es Ihr Bedürfnis nach Sicherheit, dass Sie das Wagnis einer Trennung und des damit verbundenen Fremden nicht eingehen können?
- Ist es Ihr tiefer Glaube daran, dass Sie gemeinsam mit Ihrem Partner alle Schwierigkeiten bewältigen werden?
- Ist es Ihre Angst davor, was Eltern und Freunde dazu sagen werden?
- Ist es Ihre große Verzweiflung und Hoffnungslosigkeit, die Ihnen jeden Mut genommen haben?

Alles, was ich genannt habe, hat wie alles, an das ich überhaupt nicht gedacht habe, seine Berechtigung und darf sein. Sie sind weder ein schlechterer Mensch noch ein besserer, wenn Sie bleiben. Es ist nur wichtig, dass Sie um die Konsequenzen Ihres Bleibens wissen und diese in Ihre Überlegungen einfließen lassen.

ÜBUNG Machen Sie ein Experiment. Leben Sie die nächsten vier Wochen die Entscheidung, zu bleiben – ohne jemandem etwas davon zu sagen.

Wenn Fluchtgedanken aufkommen, stoppen Sie diese, Ihre Entscheidung heißt »Bleiben«! Alles, was gefragt ist, ist Ihre rückhaltlose Ehrlichkeit Ihren Gefühlen, Gedanken und Vorstellungen gegenüber.

Vielleicht brauchen Sie keine vier Wochen und Ihnen ist schon viel eher klar, dass dies für Sie die richtige Entscheidung ist, diejenige, die zu Ihnen und zu Ihrem jetzigen Leben passt. Vielleicht fühlen Sie sich wie befreit, weil Sie den Fluchtgedanken keinen Raum mehr lassen und Sie sich nun endlich mit Ihrer konkreten Situation auseinandersetzen können. Vielleicht werden Sie ganz ruhig und können endlich darüber nachdenken, welche konkreten Schritte Sie unternehmen wollen, um Ihre Situation zu verbessern. Vielleicht sind Sie auch erleichtert, weil Sie wieder spüren können, wie wertvoll Ihnen dieser Mensch ist, vor dessen Problem Sie am liebsten weggelaufen wären.

Was auch immer in Ihnen vorgehen mag, versuchen Sie, strikt bei Ihrer Entscheidung zu bleiben, von der ja außer Ihnen niemand etwas weiß.

Wenn Sie dies vier Wochen durchhalten, können Sie Ihre Situation wahrscheinlich realistischer einschätzen. Vielleicht haben Sie sogar noch weitere Antworten gefunden. Antworten auf Fragen wie:

- Wie möchte ich leben?
- Was bedeutet für mich Glück?
- Was schätze ich an meinem Partner am meisten?
- Was verabscheue ich bei meinem Partner am meisten?
- Was erfüllt mich mit Hoffnung?
- Wie realistisch ist das?
- Wofür bin ich dankbar?

Sich zu entscheiden und Verantwortung für das eigene Leben zu übernehmen, setzt voraus, dass man die Alternativen kennt und weiß, wie man zwischen ihnen wählt.

Mit der einen Alternative haben Sie sich nun schon vertraut gemacht, wenden wir uns jetzt der anderen Alternative zu.

Gehen ▶ Sie entscheiden sich für das Gehen. Sie haben gute Gründe, sich so zu entscheiden. Doch wie sehen diese genau aus? Was genau veranlasst Sie zu gehen?

- Sind es die Kinder, die Sie auf keinen Fall länger einer solchen Situation aussetzen wollen?
- Sind es die drückenden Geldsorgen, die durch Ihr Bleiben nur noch schlimmer werden?
- Spüren Sie deutlich, dass Ihre Liebe, ja selbst Ihre Zuneigung auf der Strecke geblieben ist und Sie für diesen Menschen an Ihrer Seite immer mehr Abneigung empfinden?
- Haben Sie den Eindruck, dass Ihre Grenze erreicht ist und Ihr »Selbstmitleid« das Mitleid mit dem Partner übersteigt?
- Ist Ihnen klar geworden, dass nichts mehr Ihre Partnerschaft retten kann, weil das Ungleichgewicht zu groß geworden ist?
- Liegt wegen des Ausmaßes Ihrer Erschöpfung selbst Ihr Stolz darnieder, der es so gern noch leugnen würde, dass Sie gescheitert sind mit all Ihren Versuchen, Ihre Beziehung zu retten?
- Ist Ihnen bewusst geworden, dass es in Ihrer Partnerschaft keinen Halt und keine Sicherheit mehr gibt?
- Ist es Ihnen sogar egal, was andere dazu sagen werden?
- Sind Sie im Grunde so weit, dass Sie Ihre eigene Haut retten müssen, weil Sie sonst beide verloren gehen?

Was immer auch zutrifft, diese oder andere Gründe, die ich nicht bedacht habe und die Ihre ganz persönlichen sind – alles hat seine Berechtigung und darf sein. Sie sind kein schlechterer oder besserer Mensch, wenn Sie gehen.

Wenn Ihr Partner weiter für Sie unerträgliche Mengen Alkohol konsumiert, dürfen Sie selbstverständlich einen Schlussstrich ziehen. Sie sollten dies jedoch nur ankündigen, wenn Sie tatsächlich bereit sind, so weit zu gehen. Benutzen Sie die Ankündigung zu gehen nicht als Druckmittel oder Drohung. Dann wird Ihr Partner auch wissen, wann es Ihnen ernst ist.

ÜBUNG Entscheiden Sie sich in Gedanken zu gehen – ohne jemandem etwas davon zu sagen. Lassen Sie genau wie bei der Alternative »Bleiben« alle Konsequenzen dieser Entscheidung in Ihr Gedankenexperiment einfließen. ■

Wenn Ihnen schwindlig zu werden droht vor lauter Angst vor den möglichen Folgen (Finanzen!), kann Ihre Schlussfolgerung nicht sein, doch zu bleiben, sondern nur die, nach Unterstützung für die Entscheidung zu suchen.

Vielleicht machen Sie bei dieser Übung aber auch eine andere Erfahrung: Entscheidung befreit. Jeder Dauerkonflikt zieht Energie ab, was immer zu Lustlosigkeit und Antriebslosigkeit bis hin zur Resignation führt. Wenn wir uns dagegen zu einem Pol des Konfliktes, zum Gehen oder Bleiben durchringen, können wir schnell die dadurch freiwerdende Energie spüren.

Also, Sie verfügen über genügend Energie, um Ihre Lebensprobleme zu bearbeiten! Vielleicht fehlt Ihnen aktuell der Zugang zu dieser Energie, weil sie versickert ist in Ihren beständigen Zweifeln an Ihrer Realitätswahrnehmung. Doch ich wiederhole noch einmal: Wenn Alkohol zum Problem wird, ist Alkohol fast immer das Problem. Wenn Sie denken, dass in der Art und Weise, in der Ihr Partner oder ein anderer Angehöriger Alkohol konsumiert, etwas ganz und gar nicht in Ordnung ist – weil zu viel, zu oft, zu regelmäßig, zu wichtig –, sollten Sie nicht abwarten, wie sich das Trinkverhalten entwickelt, sondern Ihr Problem ansprechen. Je früher Sie das tun, desto größer ist die Wahrscheinlichkeit, dass der Zug in Richtung Gewöhnung und Abhängigkeit noch nicht abgefahren ist.

Erinnern Sie sich, wie lange es dauert, bis eine Sucht ihr Vollbild erreicht (vgl. das Kapitel »Augen öffnen!«). Es gibt also ein relativ großes Zeitfenster, in dem Sie gemeinsam die Weichen anders stellen können, in dem Sie einen anderen Umgang mit Alkohol wünschen, fordern und ihn selbst praktizieren können.

Wenn sich jedoch, nachdem Sie Ihre Wünsche, Forderungen und Bedingungen genannt haben, nichts ändert, sollten Sie einen Schlussstrich ziehen, den trinkenden Partner verlassen und darauf vertrauen, dass Sie ganz bestimmt einen anderen finden, mit dem Sie eine echte Beziehung ohne Alkoholproblematik leben können.

Es liegt eine große Chance darin, Ihre eigenen Ansprüche an Ihr Leben, an eine erfüllte Beziehung zu überprüfen und darüber nachzudenken, was die Erfüllung Ihrer Wünsche verhindert. In Ihrer momentanen Wahrnehmung sieht es vielleicht so aus, als verhindere jemand anders dies, aber Sie wissen ja schon aus den vorherigen Kapiteln, dass Sie selbst für Ihr Leben zuständig sind.

Angst akzeptieren und schätzen

Natürlich löst jede Entscheidung Angst aus, schließlich wissen Sie nicht, wie Ihr Partner tatsächlich reagiert. Die Alternative, zu gehen, ist dabei angstbesetzter als die, zu bleiben, verändert sich damit doch Ihr ganzes Leben und auch das Ihres Partners sowie Ihrer Kinder.

Angst ist ein jedem Menschen innewohnendes Gefühl, wobei jeder nicht nur eine sehr persönliche Form der Angst hat, sondern in der Regel auch seine eigene persönliche Form entwickelt, ihr zu entgehen. Doch wenn wir uns dem Phänomen »Angst« stellen, können wir auch seine Kraft erkennen. Angst kann uns nicht nur vollständig lähmen, sie kann uns auch wachsen lassen.

Angst tritt immer auf, wenn wir uns einer Situation nicht mehr oder noch nicht gewachsen fühlen. Wir erleben sie in allen Entwicklungsphasen, die wir in unserem Leben durchlaufen: Versuchen Sie z.B. mal, sich an Ihr erstes Bewerbungsgespräch zu erinnern! Sie können sicher sein, dass alle wichtigen Lernprozesse und Entwicklungen immer auch mit Angst und Angstüberwindung zu tun haben.

Akzeptieren und schätzen Sie also Ihre Angst vor einem neuen Schritt! Sie würden sich mit solchen Überlegungen nicht belasten, wenn sich Ihre Situation nicht langsam, aber sicher zu einer waschechten Krise auswachsen würde.

Eine Krise ist aber immer auch eine Chance. Wer jemals eine Krise durchlebt hat, wird sich an beide Qualitäten und die damit verbundenen Gefühle erinnern. Zu Beginn einer Krise sieht man meistens eher die Gefahr und die Bedrohung, erst später kann man sie auch als Chance schätzen, wenn dadurch Probleme und deren Ursachen ansprechbar und veränderbar werden.

Der Gefahr, den Kontakt zur inneren und im Fall der Alkoholabhängigkeit auch äußeren Realität zu verlieren, steht die Chance gegenüber, einer lange schon bestehenden Not gegenüber ehrlich zu werden und einen bisher nicht gewagten Schritt zu riskieren: Sprechen Sie das Alkoholproblem an, beziehen Sie Stellung und verhalten Sie sich konsequent. Dann haben Sie jede Chance, dass Ihr Leben besser wird.

Anhang I
Einige Schritte für mich selbst

Ich möchten Ihnen einige Schritte zeigen, die fast jeden Menschen darin unterstützen, etwas mehr Klarheit und Ruhe in sein Leben zu bringen und neue Kraft zu schöpfen. Manche Vorschläge und Anregungen werden Sie vielleicht als unsinnig verwerfen, trotzdem: Probieren Sie sie einfach aus. Diese Schritte haben keine »Nebenwirkungen« und kosten kein Geld, nur etwas Zeit.

Sie können mehrere Übungen verbinden oder auch gezielt Übungen nach Ihrem Befinden aussuchen. Gehen Sie die Schritte in Ruhe durch und machen Sie nach jeder Übung eine Pause.

Achtsamkeit, wahrnehmen was ist

Dieser erste Schritt ist vielleicht die größte Herausforderung, denn seit Jahren bemühen Sie sich und alle anderen in Ihrer Familie auch, die Realität auszublenden. Doch damit sich Ihre Situation ändern kann, ist es unabdingbar, genau hinzuschauen, wie sie jetzt ist. Anders, im Sinne von besser, kann es nur werden, wenn Sie lernen, Ihre Gefühle wahrzunehmen und die Tatsachen, so wie sie sind, zur Kenntnis zu nehmen. Also, schauen Sie genau hin bei den Kontoauszügen, dem Verhalten von Arbeitgebern, Kollegen, Freunden und dem eigenen! Wie fühlen Sie sich dabei? Spüren Sie Wut oder Trauer? Vielleicht auch Erleichterung, weil es nicht so schlimm ist, wie Sie dachten? Oder im Gegenteil, Entsetzen? Nehmen Sie zunächst einfach nur die Tatsachen wahr.

ÜBUNG Nehmen Sie sich eine halbe Stunde Zeit und suchen Sie sich einen Raum, wo Sie ungestört von Kindern und Telefon für sich ganz allein sein können.

Setzen Sie sich bequem hin, allerdings nicht zu sehr. Bemühen Sie sich um eine aufrechte Sitzhaltung. Die Buddhisten sagen, nur wenn der Körper in natürlicher Spannung aufgerichtet sei, könne auch der Geist aufrecht und klar und das seelische Empfinden aufrichtig sein. Für Sie geht es darum, Ihre Wahrnehmung dessen, was ist, zu schulen. Dies können Sie trainieren, indem Sie beginnen, etwas zu beachten, ohne das Sie nicht am Leben wären, nämlich Ihre Atmung.

Wenden Sie Ihre Aufmerksamkeit Ihrer Atmung zu. Spüren Sie, wie die Luft an Ihren Nasenflügeln vorbeistreicht. Vielleicht gelingt es Ihnen, Temperaturunterschiede wahrzunehmen. Verfolgen Sie den Weg, den die Luft durch Ihren Körper nimmt. Wie sie durch Ihre Luftröhre fließt, durch die Bronchien zu den feinen Verästelungen der Lunge, sie Ihre Lungen füllt und wie sie den ganzen Weg wieder zurücknimmt.

Wenn Ihnen diese Art von Übung fremd ist, kann es hilfreich sein, die Atemzüge zu zählen, damit Sie nicht ständig mit dem Fluss Ihrer Gedanken beschäftigt sind. Zählen Sie also von 1 bis 5 und wieder zurück von 5 bis 1. Schenken Sie dem Moment zwischen Einatmen und Ausatmen besondere Beachtung: Ein ganz kurzer Moment herrscht Stillstand in einer sonst fließenden Bewegung.

Wenn Sie merken, wie Sie wieder überschwemmt werden von Gedanken, Befürchtungen und Bewertungen, bemühen Sie sich um eine wohlwollende Haltung, lassen Sie die Bewertungen los und kehren Sie zur Konzentration auf Ihre Atmung zurück. ■

Wenn Ihnen die Übung zu viel Unbehagen verursacht, versuchen Sie es mit einer Viertelstunde. Es kommt nicht darauf an, alle Anweisungen genau zu befolgen, es geht nur darum, Ihre Wahrnehmung zu trainieren. Das können Sie auch zwischendurch in Ihrem Alltagsleben üben – bei einem ruhigen Spaziergang, beim Straßenbahn fahren, beim Kochen: Innehalten und spüren, was gerade in Ihnen vorgeht, ohne es zu bewerten.

Achtsamkeit, wahrnehmen was Sie brauchen

Wenn Sie sich fragen, warum Sie möchten, dass Ihr Angehöriger aufhört zu trinken, antworten Sie vielleicht, damit es Ihnen und der ganzen Familie besser geht. Doch wann geht es Ihnen gut?

Wenn die eigenen Bedürfnisse befriedigt sind, geht es einem Menschen in der Regel gut. Es kommt also zunächst darauf an, die eigenen Bedürfnisse zu definieren. Man unterscheidet dabei zwischen körperlichen, seelischen und geistigen Bedürfnissen.

Körperliche Bedürfnisse sind z.B. Hunger, Durst, Kälte, Wärme, Schlaf, Ruhe, Bewegung, frische Luft, Berührung, Entspannung. Vielleicht neigen Sie in extremen Situationen dazu, das körperliche Wohlbefinden völlig zu ignorieren. In meinen schlimmsten Zeiten habe ich mich von Kaffee und Zigaretten ernährt. Als ich mit dem Al-Anon–Programm anfing und mich darum bemühte, mich etwas besser zu behandeln, half mir auch die gesündere Ernährung, mich besser zu fühlen. Mitunter reicht schon eine kleine Veränderung in einem einzigen Bereich, um Veränderungen in anderen Bereichen möglich zu machen.

Seelische Bedürfnisse sind Sicherheit und Gelassenheit, Annahme und Verständnis, Zuwendung, Ruhe und Entspannung, Lachen und Freude. Schon beim Lesen dieser Begriffe ist Ihnen vielleicht klar geworden, wie vernachlässigt Ihre Seele ist, denn diese Bedürfnisse werden in einem alkoholdurchtränkten Leben oft nicht mal ansatzweise erfüllt. Aber sie existieren und Sie sind selbst dafür verantwortlich, sich um die Bedürfnisse Ihrer Seele zu kümmern.

Bestimmt wäre es ja prima, wenn Ihnen jemand mit Freundlichkeit, Anteilnahme und Verständnis begegnete und Ihnen die nötige Ruhe und Entspannung verschaffte. Abgesehen davon, dass Ihnen all dies bei Al-Anon oder einer anderen Selbsthilfegruppe begegnen kann, müssen Sie selbst allerdings auch dafür offen sein.

Vielleicht sind Sie schon so darauf geeicht zu prüfen, was für Negatives Ihnen aus jedem Schritt erwachsen kann, dass Sie freundliche Worte und Hilfsangebote gar nicht mehr wahrnehmen? Hierzu ein Vorschlag: Schreiben Sie eine Zeitlang jeden Abend auf einen Zettel, was Ihnen am Tage Gutes widerfahren ist und was Ihnen gut getan hat. Legen Sie den Zettel in einen Kasten. Wenn Sie dann wieder in einer völlig niedergedrückten Stimmung sind, schauen Sie in diesen Kasten und prüfen, ob Sie sich etwas davon »holen« können, z.B. eine verständnisvolle Freundin anzurufen, mal wieder in eine Sauna zu gehen, einen Waldspaziergang zu machen oder einen frischen Obstsalat zuzubereiten.

Geistige Bedürfnisse sind Erfolgserlebnisse, Bestätigungen, überschaubare Ziele, klare innere und äußere Strukturen, lernen, sich weiter zu entwickeln, Dinge zu verstehen wollen und andere mehr. Sie spiegeln sich oftmals in den Hobbys wider: Lesen, Gartenarbeit, Stricken, Vereinsarbeit, Sport. Fast immer wird das, was wir gerne tun, auch mit Erfolgserlebnissen belohnt.

ÜBUNG Da Sie vielleicht viel zu erschöpft sind durch all das Sorgen und Kümmern, haben Sie möglicherweise vergessen, was Sie alles selbst tun können, um sich etwas besser zu fühlen und einen klareren Kopf zu bekommen. Deshalb schlage ich Ihnen noch einige konkrete Maßnahmen für Ihre Bedürfnisse vor.

Für den Körper:

- warmes Bad;
- ein Saunabesuch;
- Tanzen;
- ausreichend Schlaf;
- eine gesunde Ernährung.

Für die Seele:

- Ruhe;
- Musikhören;
- Spazierengehen;
- Freunde treffen;
- etwas tun, was man als Kind gern getan hat;
- einen Brief schreiben.

Für den Geist:

- achtsam sein;
- Ordnung schaffen;
- Strukturen herstellen;
- einfach mal ruhig sitzen und nachdenken;
- etwas Neues lernen.

Bestimmt fallen Ihnen noch ganz andere Sachen ein, wenn Sie mal eine Pause machen und nachdenken. ■

Es geht hierbei nicht nur um das Akzeptieren und Annehmen einer Situation, sondern vor allem um das Annehmen der eigenen Person – es geht darum, dass Sie sich selbst annehmen und schätzen. Es bedeutet auch, bereit zu sein, ohne Ausflüchte oder Leugnen wahrzunehmen, was Sie denken, was Sie fühlen, was Sie wollen, was Sie getan haben und was Sie tun.

Etwas zu akzeptieren bedeutet mehr als »es zugeben«. Akzeptieren heißt, in der Gegenwart zu sein, sich mit der Realität zu befassen. Es schließt auch das Annehmen und Akzeptieren dessen ein, wie andere Menschen sind und wie sie nicht sind.

Ferner gehört zur Selbstannahme das Mitgefühl. Es ist wichtig, dass Sie sich selbst freundlich und wohlwollend begegnen. Mitgefühl heißt nicht Selbstmitleid. Mitgefühl zu haben, fühlt sich gesünder an, als in Selbstmitleid oder Mitleid zu versinken.

ÜBUNG Versuchen Sie mal, sich vor einen großen Spiegel zu stellen, in dem Sie sich ganz sehen können. Sehen Sie sich an, Ihr Gesicht und Ihren Körper. Achten Sie dabei darauf, was in Ihnen vor sich geht. Es geht nicht darum, Ihre neue Frisur oder den Sitz Ihrer Hose zu kontrollieren. Sehen Sie sich genau an und achten Sie auf Ihre Impulse, wegzusehen, bestimmte Teile auszublenden, weil Sie etwas an sich überhaupt nicht mögen.

Etwas zu akzeptieren heißt nicht, es zu mögen. Es heißt nicht, dass Sie keine Veränderungen wünschen, dass Sie sich nicht zu dick, zu dünn, zu hässlich, zu alt finden. Sehen Sie sich an, atmen Sie ruhig und tief und sagen Sie den Satz: »Welche Fehler und Unzulänglichkeiten ich auch immer habe, ich akzeptiere mich vorbehaltlos und ganz.«

Hierzu eine Erklärung zu versuchen, ist schwer, weil es sich anhört wie eine Aufforderung, etwas zu tun. Es geht aber mehr darum, etwas nicht zu tun. Nämlich aufzuhören mit immer neuen Versuchen, Einfluss zu nehmen auf das Verhalten eines anderen Menschen. Nein, Sie können ihn nicht ändern. Nein, Sie schaffen es nicht, ihn vom Trinken abzuhalten, welche genialen Tricks Sie sich auch noch einfallen lassen.

Sie können durchatmen, wenn die Panik Sie überfällt, wenn Sie vor Wut nicht mehr wissen wohin, wenn die Ängste Sie überschwemmen – einfach tief durchatmen und es mal versuchen: Loslassen.

Überantworten Sie alle diese anstrengenden und belastenden Gefühle probehalber mal einer höheren Instanz. Wenn Sie an keinen Gott glauben, kann dieser Satz ein hilfreiches Mantra sein: In Liebe loslassen.

Nun hat sich da ein Wort eingeschlichen, das Ihnen befremdlich erscheinen mag. Loslassen ist schon eine große Herausforderung – aber in Liebe? Ihre Gefühle in Bezug auf Ihren Angehörigen sind vielleicht ganz anderer Art: Wut, Trauer, manchmal sogar Hass. All diese Gefühle richten sich aber nicht nur gegen den Trinkenden, sondern fast immer auch gegen den, der sie hat. Man schämt sich für diese Gefühle, fühlt sich womöglich sogar schuldig, dass man dem Angehörigen, wenn nicht gar zuweilen den Tod, so doch den Teufel an den Hals wünscht.

Und was ist die Folge dieser Schuldgefühle: Man macht weiter wie bisher. Ein Freund hat mal zu mir gesagt: »Schuldgefühle sind nur eine faule Ausrede für die Wiederholung von Mist.«

Als ich über diesen Satz nachdachte, fielen mir sofort meine diffusen Schuldgefühle wegen meines unvernünftigen Umgangs mit Geld ein. Ich hatte mich noch nie besonders um diesen Bereich gekümmert, sondern ihn stets meinem Mann überlassen, da er ja der gut verdienende »Ernährer« war. Das tat ich auch noch, als er längst das gemeinsame Konto jeden Monat drastisch überzog.

Nachdem mir der Zusammenhang zwischen meinen Schuldgefühlen und meinem Verharren in alten Mustern klar wurde, konnte ich aufhören, diesen Bereich zu ignorieren. Ich habe einen Finanzplan erstellt, Daueraufträge eingerichtet oder storniert und mich bemüht, einen besseren Umgang mit Geld zu erlernen. Erst als ich anfing, mich selbst um unsere Finanzen zu kümmern und den Gedanken aufgab, dass unser Auskommen vor allem die Aufgabe meines Mannes war, verbesserte sich unsere Situation.

Es kommt darauf an, zu tun, was getan werden muss und Verantwortung zu übernehmen. Meistens lösen sich dann auch die Schuldgefühle auf. Und wenn nicht: Bürden Sie diese nicht Ihrem Angehörigen auf!

Sie erinnern sich: Übermäßiger Alkoholkonsum löst Schuldgefühle aus. Mehr davon werden meistens nur in Alkohol ertränkt. Schuldgefühle sind alkohollöslich, auf diese Formel bringen es die AA.

Wenn Sie mit jemanden über Ihre Gefühle sprechen möchten, tun Sie dies mit professionellen Helfern oder am besten in einer Selbsthilfegruppe. Dort werden Sie nicht nur Menschen finden, denen es genauso geht, sondern auch solche, die ihre Schuldgefühle als Anlass genommen haben, etwas zu ändern, Verantwortung für das eigene Tun zu übernehmen.

ÜBUNG Nehmen Sie sich Zeit für sich. Ziehen Sie sich zurück an einen störungsfreien Ort. Setzen Sie sich aufrecht hin und holen Sie ein paarmal tief Luft. Denken Sie eine Weile nach über Schuldgefühle in Ihrem Leben. Was veranlasst Sie, sich schuldig zu fühlen? Forschen Sie gründlich nach. Betrachten Sie Ihre Gefühle ganz genau. Hören Sie Ihren Begründungen und Erklärungen freundlich zu. Ich sagte mir zum Beispiel gerne, dass mein Mann schließlich das Geld verdiene und ihm deshalb das erste Recht zustehe, über die Verwendung des Geldes zu entscheiden. Außerdem war er geübt im Umgang mit Bankmenschen und konnte das alles viel besser als ich. Hören Sie Ihren eigenen Begründungen geduldig zu, die versuchen, ein Verhalten zu rechtfertigen, das Ihnen schadet.
Wenn Sie sich das nächste Mal schuldig fühlen, achten Sie darauf, was Sie als nächstes tun. Werden Sie es wieder tun? ■

Das Selbstwertgefühl stärken

Viele Jahre vergeblicher Versuche, auf das Trinkverhalten eines Angehörigen Einfluss zu nehmen, zerren am Selbstwertgefühl. Schuld und Scham tun ihr Übriges, um an uns zu zweifeln. Doch wenn wir uns selbst nicht achten, akzeptieren und erlauben wir oft auch, dass andere sich uns gegenüber unangemessen verhalten. Damit bestätigen und verstärken wir unsere negativen Gefühle. Wenn wir uns selbst achten, handeln wir dagegen so, dass diese Achtung bestätigt und verstärkt wird. Kurz: Die Art und Weise wie wir handeln, bestimmt auch stets die Art und Weise wie mit uns umgegangen wird.

Wenn wir also unsere Selbstachtung erhöhen möchten, müssen wir so handeln, dass sie durch unser Handeln verstärkt wird. Deshalb wird alles, was Sie unternehmen, um Ihr Selbstwertgefühl zu verbessern und zu stärken, sich auf alle anderen Bereiche Ihres Lebens auswirken.

ÜBUNG Versuchen Sie es mal mit den Satz: »Mein Leben ist wichtig. Ich bin ein wertvoller Mensch.« Sagen Sie ihn mindestens einen Monat lang jeden Tag lang mehrere Male. Egal was für Widersprüche in Ihnen auftauchen, die diesen Satz verneinen wollen, machen Sie einfach weiter. ■

Es kommt Ihnen vielleicht zu Anfang etwas albern vor, aber es ist nicht alberner als tausendmal am Tag zu denken »Ich kann nicht mehr, ich weiß nicht mehr weiter, ich halte es nicht mehr aus, ich ertrag es nicht mehr« etc. Also denken Sie einfach mal andere Gedanken.

Nehmen Sie sich auch Zeit, um ein paar Fragen für sich zu beantworten:

- Wie geht es mir, wenn ich glaube, nichts wert zu sein?
- Unter welchen Umständen fühle ich mich wertlos?
- Gibt es Momente, in denen ich mich als wertvoll erlebe?
- Was könnte mir mein Wertgefühl zurückgeben?
- Wann habe ich mich das letzte Mal wertvoll gefühlt?

Vielleicht gelingt es Ihnen, mindestens zehn Eigenschaften aufzuschreiben, die Sie an sich schätzen. Legen Sie sich diesen Zettel unter Ihr Kopfkissen.

Dankbarkeit üben

Als mir bei den Al-Anon-Freunden vorgeschlagen wurde, Dankbarkeit zu üben, es einfach mal zu versuchen, platzte ich fast vor Zorn: »Für den ganzen Mist auch noch dankbar sein? Ja, haben die sie denn noch alle?«

Ja, die hatten sie noch alle und es war spannend, was passierte, als ich es wirklich mal versuchte und Ausschau hielt nach Dingen, für die ich mich in diesem ungewohnten Gefühl üben konnte. Ich stellte fest, dass ich dafür dankbar war:

- dass ich ohne Alkohol leben konnte;
- dass mir die Selbsthilfegruppe neue Freunde bescherte;
- dass mein Therapeut mir zu neuen Einsichten verhalf;
- dass ich es schaffte, einen Job zu finden und finanziell auf eigenen Füßen zu stehen;
- dass meine Familie mich unterstützte;
- dass meine wunderbaren Freundinnen für mich da waren;
- dass mein Beruf mir Weiterbildungsmöglichkeiten bot;
- dass meine Kinder mir vertrauten und mit mir in eine viel kleinere Wohnung zogen;
- dass ich wieder durchschlafen konnten;
- dass ich wieder zunahm (zumindest über die ersten zehn Kilo habe ich mich gefreut).

ÜBUNG Legen Sie ein Schatzkästchen an, in das Sie hineinlegen, was Sie mit einem guten Gefühl verbinden können: z.B. eine Kinokarte, ein Brief von einem Freund, ein Bild der Kinder, eine Kastanie vom letzten Herbstspaziergang, einen schön geformten Stein. ■

Rechtliche Aspekte

Im Zusammenhang mit Alkohol tauchen nicht selten Rechtsfragen auf. Diese betreffen sozialrechtliche Fragenstellungen, das Arbeitsrecht, das Zivilrecht und auch das Strafrecht. Natürlich können in diesem Ratgeber nicht alle Fragen ausreichend behandelt werden und bei akuten rechtlichen Problemen werden Sie nicht umhinkommen, sich anwaltlich beraten zu lassen. Hier seien nur einige wichtige Gesetzesgrundlagen aufgeführt.

Behandlungskosten

1968 wurde durch das Bundessozialgericht Alkoholismus als Krankheit definiert. Dies bedeutete für die Abhängigen der Zugang zur medizinischen Behandlung auf Kosten der Krankenkassen bei Vorliegen einer entsprechenden Diagnose. Allerdings kommt die Krankenkasse nur für die Entgiftungsbehandlung auf, für die Entwöhnungsbehandlung ist der Rententräger zuständig.

Sie selbst haben natürlich auch Anspruch auf medizinische und psychologische Behandlung, wenn Ihr Arzt oder Ihr Therapeut die Notwendigkeit attestiert: Das Spektrum der körperlichen und psychischen Folgen ist auch bei den Angehörigen groß, wie wir im ersten Kapitel gesehen haben.

Denken Sie daran: Vor Beginn der Behandlung sollte die Krankenkasse informiert sein, damit sie Ihnen die Kostenübernahme schriftlich bestätigen kann!

Der Verlust des Arbeitsplatzes oder zumindest die Androhung der Kündigung ist ein weitverbreitetes Problem. Das Bundesarbeitsgericht hat in einer Entscheidung aus dem Jahre 1987 festgestellt, dass verhaltensbedingte Kündigungen wegen Pflichtverletzungen, die auf Alkoholabhängigkeit beruhen, in der Regel mangels Verschuldens des Arbeitnehmers sozialwidrig sind.

Dem Alkoholkranken kann aber dennoch gekündigt werden, wenn die Grundsätze der personenbedingten Kündigung greifen. Diese kommen in Betracht, wenn der Arbeitnehmer über längere Zeit erkrankt ist oder in der Vergangenheit häufige kürzere Erkrankungen hatte oder seine Leistungsfähigkeit erheblich gemindert ist. Die krankheitsbedingte Kündigung ist in drei Stufen zu überprüfen: erforderlich sind

- eine negative Gesundheitsprognose,
- eine unzumutbare Beeinträchtigung betrieblicher Interessen und
- eine einzelfallbezogene Interessenabwägung, bei der sowohl die beim Arbeitgeber bestehenden Umstände als auch die Sozialdaten des Arbeitnehmers berücksichtigt werden.

Natürlich ist die verhaltensbedingte Kündigung auch möglich. Sie setzt einen Verstoß gegen arbeitsvertragliche Haupt- oder Nebenpflichten sowie eine individuelle Einzelabwägung voraus. Vor der Kündigung muss eine Abmahnung erfolgen – es sei denn, der Verstoß ist so schwerwiegend, dass eine Abmahnung sinnlos und daher entbehrlich ist. In Ausnahmefällen ist auch ohne Verschulden bei schwerwiegender Gefährdung der betrieblichen Ordnung (z.B. Tätlichkeiten, Beleidigungen im volltrunkenen Zustand) eine Kündigung möglich.

Gegen die personenbedingte Kündigung ist schwerer anzugehen, da sie die Sucht als Krankheit berücksichtigt.

Betreuung

Im Zivilrecht könnte das Betreuungsrecht für Sie relevant werden. Als mein Mann seine Arbeit verlor, wir daraufhin die Raten für das Haus nicht mehr bezahlen konnten und es deshalb verkaufen mussten, war dies natürlich nur mit seiner Unterschrift möglich. Diese verweigerte er aber und den Kontakt auch, er öffnete keine Post und hatte kein Telefon. Nachdem ich zermürbt war von den Kämpfen um eine Lösung, sah ich keinen anderen Ausweg, als eine gesetzliche Betreuung mit dem Wirkungskreis »Hausverkauf« zu beantragen. Es kann also im Leben mit einem suchtkranken Menschen zu einer solch dramatisch eskalierenden Situation kommen, dass eine gesetzliche Betreuung als der einzig mögliche Ausweg erscheint.

Allerdings rechtfertigt eine Suchterkrankung für sich allein genommen keine Betreuung, da müssen schon noch andere Gründe hinzukommen, etwa hirnorganische Veränderungen oder weitere psychische Erkrankungen bzw. Persönlichkeitsveränderungen. Es wird immer im Einzelfall zu prüfen sein, ob die Einrichtung einer gesetzlichen Betreuung möglich ist.

Auch wenn die Verfahren nicht mit der Einrichtung einer Betreuung enden, kann es sinnvoll sein ein Verfahren einzuleiten. Schon die Gespräche mit Gutachter und Richter können beim Betroffenen zur Einsicht führen – er merkt, es wird ernst. So war es auch bei meinem Mann, er war danach zur Unterschrift bereit und es musste keine Betreuung eingerichtet werden.

Damit ein Betreuungsantrag vor Gericht Erfolg hat, müssen folgende Voraussetzungen erfüllt sein:

- es muss eine psychische Erkrankung oder eine körperliche, geistige oder seelische Behinderung vorliegen;
- infolge der Erkrankung oder Behinderung muss die Fähigkeit, die eigenen Angelegenheiten ganz oder teilweise zu erledigen, beeinträchtigt sein;
- die Bestellung eines gesetzlichen Betreuers muss erforderlich sein.

Letzteres ist nur dann der Fall, wenn die Angelegenheiten des Betroffenen nicht durch einen Bevollmächtigten oder durch andere Hilfen, wie soziale Dienste, besorgt werden können. Eine gesetzliche Betreuung gilt immer als letzter Ausweg. Um sie schließlich durchzusetzen, müssen folgende Schritte gegangen werden:

1. die Anregung einer gesetzlichen Betreuung,
2. eine gutachterliche Stellungnahme,
3. eine gerichtliche Anhörung,
4. der richterliche Beschluss.

DIE ANREGUNG EINER GESETZLICHEN BETREUUNG

Angeregt werden kann eine gesetzliche Betreuung sowohl durch Familienangehörige als auch durch Mitarbeiter von Institutionen, z.B. dem Gesundheitsamt oder durch soziale Dienste. Alternativ kann man sich an einen Betreuungsverein der Stadt oder nichtstaatliche Hilfsorganisationen und Wohlfahrtsverbände wenden und um Hilfe bitten.

Dabei kann schon ein Vorschlag gemacht werden, wer die Betreuung übernehmen soll. Es ist sinnvoll, genau den Konfliktfall zu beschreiben, um den es geht, um den Wirkungskreis der Betreuung einzukreisen, z.B. Aufenthaltsbestimmung mit Gesundheitssorge, Regelung der finanziellen Angelegenheiten, Postkontrolle (das kann wichtig sein, wenn jemand seine Post nie öffnet und Mahnungen nicht zur Kenntnis nimmt) oder Behördenangelegenheiten.

Bei einem konkreten und akuten Problem kann auch ein Antrag auf Einrichtung einer vorläufigen Betreuung gestellt werden, hier wird dann nach der richterlichen Anhörung und Begutachtung geprüft, ob die vorläufige Betreuung in eine dauerhafte umgewandelt oder ob sie aufgehoben wird.

DIE GUTACHTERLICHE STELLUNGNAHME

Vor der Bestellung eines Betreuers muss ein Sachverständigengutachten eingeholt werden. In der Regel beauftragt das Gericht einen Facharzt für Psychiatrie mit der Erstellung des Gutachtens. Der Arzt muss den Betroffenen persönlich untersuchen. Das Gutachten muss Aussagen zu folgenden Fragen machen:

- Liegt bei dem Betroffenen eine geistige, seelische oder körperliche Behinderung vor?
- Welche konkreten Angelegenheiten kann der Betroffene deshalb nicht selbst regeln?
- Welche Behandlungs- und Rehabilitationsmöglichkeiten bestehen?
- Wie lange wird die Krankheit oder Behinderung in etwa fortbestehen?
- Welche anderen Hilfsmittel würden eine Betreuung ganz oder teilweise entbehrlich machen?
- Welche Verfügungen des Betroffenen sind zu berücksichtigen?

DIE ANHÖRUNG VOR GERICHT

Vor der Bestellung des Betreuers muss das Gericht den Betroffenen persönlich anhören und sich in seiner gewöhnlichen Umgebung einen unmittelbaren Eindruck von ihm verschaffen. Die persönliche Anhörung kann unterbleiben, wenn gemäß dem ärztlichen Gutachten von der Anhörung erhebliche Nachteile für die Gesundheit des Betroffenen zu befürchten sind oder der Betroffene aufgrund des unmittelbaren Eindrucks des Gerichtes nicht in der Lage ist, seinen Willen kundzutun.

Im Betreuungsverfahren muss auch den Angehörigen (Ehegatten, Eltern, Kinder) Gelegenheit gegeben werden, sich zur Sache zu äußern.

DER RICHTERLICHE BESCHLUSS

Ist der richterliche Beschluss zur Einrichtung einer gesetzlichen Betreuung ergangen, folgt das Vormundschaftsgericht entweder dem Vorschlag oder es bestellt nach der gesetzlichen Vorgabe »Eine natürliche Person, die geeignet ist, in dem gerichtlich bestimmten Aufgabenkreis die Angelegenheiten des Betreuten rechtlich zu besorgen und ihn hierbei in erforderlichem Umfang persönlich zu betreuen.« (§ 1897 Abs. 1 BGB). Nach dieser Vorgabe ist die »Eignung« – die sich auf die jeweils konkreten Erfordernisse bezieht – ein zentrales Kriterium, das bei der Bestellung eines Betreuers zu beachten ist. Der Betroffene selbst hat dabei ein aktives Vorschlagsrecht. Ansonsten entscheidet der Richter nach Aktenlage und den Vorschlägen des Antragstellers. Ich empfehle Ihnen sehr, sich hier ausführliche Erkundigungen einzuholen, da die Betreuung sich möglicherweise über einen langen Zeitraum erstrecken wird und Änderungen immer mit einem erheblichen Aufwand verbunden sind.

Folgt der Richter dem Antrag nicht:

- ist keine Beschwerde möglich, da es sich nicht um einen Beschluss handelt;
- kann der Antrag in einem angemessenen Zeitraum (1/2 Jahr + X) wiederholt werden.

Sind neue Tatbestände aufgetreten (Gewalt, Überschuldung) kann der Antrag früher wiederholt werden.

Geschäftsfähigkeit

Die Feststellung einer Geschäftsunfähigkeit ist äußerst schwierig und für Sie wahrscheinlich nicht relevant, es sei denn, Ihr Angehöriger hat bereits erhebliche irreparable Hirnschäden. Die Tatsache, dass jemand häufig betrunken ist, hat jedenfalls keinen Einfluss auf seine Geschäftsfähigkeit.

Für Sie von Bedeutung sein kann der § 105 BGB, Abs. 2, der die Nichtigkeit einer Willenserklärung regelt für den Fall, dass sie im Zustande der Bewusstlosigkeit oder vorübergehenden Störung der Geistestätigkeit abgegeben wurde. Davon ist also eine Erklärung betroffen, die im Zustande der Trunkenheit gemacht wurde. Diese Trunkenheit muss sehr erheblich sein – die Rechtsprechung fordert über 3 Promille Alkohol im konkreten Einzelfall. Die Tatsache der Suchtmittelabhängigkeit generell ist kein Grund für die Nichtigkeit einer Willenserklärung, möglicherweise aber eine hirnorganische Folgeerkrankung.

Strafantrag, Strafanzeige, Schutz vor Gewalt

Oft geraten Angehörige als Opfer, Suchtabhängige als Täter in den Bereich des Strafrechts, gerade in Familiensituationen. Die einfache Körperverletzung (z.B. eine Ohrfeige), die gefährliche Körperverletzung (z.B. Tritt mit festem Schuh), die Nötigung, die Vergewaltigung, auch schon Versuchshandlungen erfordern das Alarmieren von Polizei und Staatsanwaltschaft. Das Opfer muss Strafanzeige stellen. Wichtig: Die Polizei kann – zunächst mündlich und später schriftlich – dem aggressiven Suchtabhängigen verbieten, die Familienwohnung zu benutzen oder wieder zu betreten. (Wohnungsverweisung mit Rückkehrverbot, z.B. §34a Polizeigesetz NRW). Dieses Verbot kann bis zu zehn Tagen ab polizeilicher Anordnung gelten, innerhalb dieser Zeit kann das Opfer eine endgültige Wohnungsregelung durch einstweilige Anordnung beim Familiengericht erwirken. Hier ist es sinnvoll, einen Fachanwalt für Familienrecht einzuschalten.

Auch wenn der Straftäter bei der Straftat wegen Trunkenheit unzurechnungsfähig war, führt dies nicht zur Straflosigkeit. Wenn er wusste, dass er betrunken dazu neigt, Delikte zu begehen und dennoch durch Alkoholkonsum das Tatgeschehen in Gang setzt, bleibt er strafbar (sog. Actio libera in causa). Auch das Sichversetzen in einen Rauschzustand, in dem dann strafbare Handlungen erfolgen, ist als sog. Rauschtat strafbar (§ 323 StGB).

Das alles mag für die eine oder den andren Leser noch gar nicht vorstellbar sein, für wieder andere aber bereits bittere Realität! Deshalb: Lassen Sie keine Gewalt zu, weder an Ihnen noch an Ihren Kindern! Bedenken Sie, dass rein statistisch gesehen, die Familie für Frauen und Kinder der gefährlichste Lebensort ist.

Literatur- und Internetempfehlungen

Erfahrungsberichte von Betroffenen

Simon Borowiak: Alk. Heyne, München 2007.

Per Olov Enquist: Ein anderes Leben. Fischer, Frankfurt a. M., 2011.

Hans Fallada: Der Trinker. Aufbau Taschenbuch, Berlin 2011.

Diana Beate HELLMANN: Ich fang noch mal zu leben an. Bastei Lübbe, Köln 2007.
Eberhard LEMPELIUS: Dreizehn Meter Flur. Ibicura Verlag, Unterostendorf 2006.
Jack LONDON: König Alkohol. dtv, München 2014.
Daniel SCHREIBER: Nüchtern. Hanser, Berlin 2014.
Hans D. WALLBURG: Nachtfrost. Fischer, Frankfurt a. M., 1993.

Bücher zum Thema Co-Abhängigkeit

Helmut KOLITZUS: Ich befreie mich von deiner Sucht. Kösel, München 2000.
Ursula LAMBROU: Familienkrankheit Alkoholismus. rororo, Reinbek bei Hamburg 2010.
Pia MELLODY: Verstrickt in die Probleme anderer. Kösel, München 2013.
Monika RENNERT: Co-Abhängigkeit. Lambertus, Freiburg 2012.
Anne WILSON-SCHAEF: Co-Abhängigkeit. Die Sucht hinter der Sucht. Heyne, München 2002.

Verständliche Fachliteratur

Klaus DIETZE und Manfred SPIEKER: Alkohol – Kein Problem. Beltz, Weinheim 2009.
Heinrich KÜFNER, Michael SOYKA: Alkoholismus – Missbrauch und Abhängigkeit. Thieme, Stuttgart 2008.
Johannes LINDENMEYER: Lieber schlau als blau. Beltz, Weinheim 2010.
Lothar SCHMIDT: Alkoholkrankheit und Alkoholmissbrauch. Kohlhammer, Stuttgart 1997.

Ralf SCHNEIDER: Die Suchtfibel. Schneider Verlag, Hohengehren 2013.

Rainer THOMASIUS und Udo J. KÜSTNER: Familie und Sucht. Schattauer, Stuttgart 2005.

Alfred UHL: Absurditäten in der Suchtforschung. Wiener Zeitschrift für Suchtforschung. Jg. 32, 2009, Heft 3/4, S. 19 – 39.

Kinder in Suchtfamilien

Schirin HOMEIER, Andreas SCHRAPPE: Flaschenpost nach nirgendwo. Ein Kinderfachbuch für Kinder suchtkranker Eltern. Mabuse, Frankfurt a. M. 2012.

Michael KLEIN: Kinder aus suchtbelasteten Familien. In: Rainer THOMASIUS und Udo J. KÜSTNER: Familie und Sucht. Schattauer, Stuttgart 2005, S. 52–71.

Janet WOITITZ: Um die Kindheit betrogen. Kösel, München 2009.

Martin ZOBEL (Hg.): Wenn Eltern zu viel trinken. Balance buch + medien, Köln 2008.

Informative Internetseiten

www.dhs.de: Die Internetseite der Deutschen Hauptstelle für Suchtgefahren hält sehr viele Informationen bereit. Unter Links/Verbände finden Sie auch alle Selbsthilfeverbände, die im Kapitel »Angebote der Suchthilfe« vorgestellt werden.

Hilfesuche vor Ort

Suchtberatungsstellen: Sie sind zu finden auf den Gelben Seiten, meist können auch die Sozialen Dienste der Stadt oder der beiden großen Konfessionen, Caritas oder Diakonie weiterhelfen. Im Internet gibt es ein Verzeichnis der Suchtberatungsstellen auf der Seite der Bundeszentrale für gesundheitliche Aufklärung: www.bzga.de ▷ Service ▷ Beratungsstellen ▷ Suchtprobleme. Sie können die Adressen auch per E-Mail erfragen (telefonberatung @bzga.de) oder schriftlich: BZgA, Telefonberatung, Postfach 91 02 52, 51071 Köln.

Psychotherapeutensuche: Siehe Gelbe Seiten unter Psychotherapeuten oder www.psychotherapiesuche.de. Der Bund deutscher Psychologen unterhält nicht nur diese Internetseite, sondern bietet auch eine telefonische Beratung an: (030) 2 09 16 63 30, Mo., Di, 10 bis 13 und 16 bis 19 Uhr, Mi. und Do. 13 bis 16 Uhr.

Anwaltssuche: Die Internetseite www.anwaltauskunft.de wird getragen vom Deutschen Anwalt-Verein.

Schuldenberatung: Siehe Gelbe Seiten, meist können auch die Sozialen Dienste der Stadt oder der beiden großen Konfessionen, Caritas oder Diakonie, weiterhelfen.

Gefahr im Verzug: Wenn Angehörige oder Freunde nicht mit einem Ausweichquartier dienen können, helfen die örtlichen Frauenhäuser in der Regel weiter. Die Telefonnummer kann man bei der Auskunft erfragen.